게임
: 편견을 넘다

전종수

목 차

여는말 /9

1장. 게임은 세대를 뛰어 넘는다 /16

2장. 게임은 재미다 /42
    게임과 재미 /45
    게임과 즐거움 /58
    게임과 집중력 /69

3장. 게임도 스포츠다 /82

4장. 게임중독 /108
    무엇이 문제인가 /111
    게임의 폭력성 /120
    수면장애 /130
    도파민 /135
    스마트폰 게임의존 /141

5장. 게임중독 진단척도의 현주소 /154

6장. 게임중독 예방과 치유 /214
　　게임중독의 상담 현황 /217
　　게임중독의 치료 /224

7장. 게임의 미래 /232
　　게임은 종합예술이다 /235
　　현실과 상상의 경계 종말 /246

8장. 에필로그 /256

맺음말 /267

참고문헌 /271

여는말

왜 게임은 항상 중독이라는 프레임에 갇히나

저자가 게임과 인연을 맺은 것은 1990년대 중반으로 기억한다. 당시 삼성, 현대, LG, SK 등 대기업들이 외국게임을 수입하여 판매하던 게임시장에서 고군분투하던 국산PC게임 개발사 미리내소프트, 막고야, 소프트액션 등을 만나면서다. 그 당시에는 일본의 비디오게임과 미국, 유럽의 PC게임 등이 국내 게임시장을 독점하고 있었기 때문에 국산게임 개발이라는 것은 엄두도 못 내던 시절이었다. 특히 게임 유통시장을 대기업이 장악하고 있는 환경에서 대학을 중퇴하거나, 갓 졸업한 젊은이들이 국산게임 개발을 하겠다고 게임개발사를 자신의 집 지하방에 차리거나, 허름한 건물의 지하층을 얻어서 게임개발을 시작했으니 놀라운 일이었다.

일본, 미국을 비롯한 외국 게임개발사에 도전장을 내민 것 자체가 그들에게는 도전이기도 했지만, 공공기관에 몸담고 있던 저자에게는 충격적인 일이었다. 그 후에 그들을 도울 방안을 모색하기 위하여 국내외 시장조사와 정부 지원 방안을 담은 계획서를 상급기관에 보고하고, 많지 않은 예산을 배당 받아서 젊은 창업 게임개발사 지원을 위한 사업을 시작하였다. 그 당시에는 전문 전시장이 삼성동에 위치한 KOEX 뿐이 없던 시절이라 국산게임 개발 작품을 선보일 전시장 확보가 힘들었다. 더욱이 게임에 대한 부정적인 인식이 사회에 만연되어 있어 전문 전시장을 빌린다는 것은 불가능했다. 그래서 차선책으로 선택한 것이 용산전자상가 KT플라자, 롯데백화점 로비 등을 임차하여 게임전시회를 개최하였던 기억이 생생하다. 특히 게임전문 개발자가 드물다보니 게임을 개발하려는 젊은이들이 게임을 배울 기회가 없었다. 그래서 국산PC게임 개발사 등과 협업하여 게임제작 공개강좌 및 게임시나리오 공모전 등을 기획 운영하기도 했다.

그 후에 정보통신부가 발주하여 아주대학교가 연구한 《첨단게임산업기술정책 연구》(1996년)에 참여하여 한국의 게임시장 현황과 문제점 그리고 미국과 일본, 유럽의 게임산업 제도와 법적인 문제 분석을 담당하였다. 보고서에는 게임물 심의의 필요성과 게임지원센터 설립 등의 내용을 담고 있었다. 그 후 게임담당 부처가 문화체육관광부로 일원화되면서 한동안 게임 연구는 저자와 멀어져 있었다. 그러다 정보통신부가 창조경제의 핵심이라는 모토로 정부주도 SW육성정책 수립에 게임 분야가 자리를 잡으면서 다시 게임 연구에 몰두하기 시작하였던 듯하다. 그러나 그것도 잠시 IMF 위기에 직면하여 대기업들이 게임 사업을 접으면서 게임유통 채널이 붕괴되고, 게임산업은 한국에서 종말을 맞는 듯해 보였다.

그러나 누구도 예상 못했던 반전이 일어났다. 미국의 블리자드사가 개발한 <스타크래프트>가 국내에서 인기를 끌면서 온라인게임에 대한 관심이 급증했고, 국내 통신사들의 인터넷 처리 속도가 빨라지면서 국내 게임산업은 넥슨, NCSOFT 등이 주도하면서 온라인게임을 중심으로 국내 게임산업은 다시 활기를 띠기 시작했다. 대기업이 빠져나간 게임유통을 소비자와 직접 만나는 온라인게임이 국내 게임산업의 새로운 활로를 연 것이다. 국내 게임시장이 성장할 수 있는 원동력은 바로 인터넷기반의 게임유통이었다.

반면에 온라인게임의 탄생과 발전은 부정적인 면도 노출하기 시작하였다. 바로 게임중독이 그것이다. 2000년도 이후에 국내·외에서 게임관련 사건들이 언론에 보도되면서 게임중독에 대한 우려의 목소리가 나오기 시작했다. 학계에서도 관심을 갖고 연구하는 분이 늘어났다. 게임중독을 과몰입이란 용어로 대체하면서 게임중독은 인터넷게임에 대한 부정적 언어로 쓰였지만 학부모들의 걱정에 부응하듯이 정부의 관심 하에 전국에 상담센터들이 개설됐고, 게임을 건전하게 활용하기 위한 게임문화캠프 등이 개최되면서 게임중독에 대한 여론은 수그러드는 듯 했다. 그러다 2019년 WHO가 게임과다 사용을 게임이용장애로 분류하면서 게임중독은 수면으로 다시 떠올랐다. 현재는 게임중독에 대한 논란은 팬데믹 상황으로 잠재되어 있을 뿐이다.

본인이 몸담고 있던 기관에 국내 최초로 인터넷중독상담예방센터(2002년)를 기획 설립하여 인터넷중독자가진단척도 개발 및 인터넷중독 상담 예방 사업, 인터넷중독상담사 자격시험 등의 사업을 운영했던 저자로서는 그 당시에 인터넷게임중독이라고 게임만을 콕 집어 중독이라고 특정하는 것이 맞는지, 그리고 논리적이고 의학적으로 합당한 것인지에 대한 의문이 들었다. 그래서 선택한 것이 박사논문을 게임중독과 관련한 연구를 시작하게 된 동기가 됐다. 박사 논문《MMORPG의 재미요소가 게임중독에 미치는 영향에 대한 연구》

(2010년)는 그래서 탄생하였다.

저자의 책은 "게임의 즐거움을 찾기 위해서는 게임은 재미가 있어야 한다"는 명제 하에서 시작한다. 그동안 게임을 둘러싼 많은 긍정·부정적 측면의 연구 및 주장들에 대한 내용을 두루 살펴보았다. 왜 게임이란 디지털 오락이 하급놀이로 천대 받고, 청소년의 하찮은 오락 정도로 치부되었는지를 그동안 제시된 연구물들과 주장들을 수집하고 분석해 보았다. 게임의 폭력성, 수면장애, 도파민 과다분비, 스마트폰게임 의존과 게임중독을 상담하는 현장, 게임중독 연구 등이 얼마나 게임을 편견 속에 가두고 있었는지 분석한다. 그중에서도 게임중독에서 제일 우선적으로 무게를 둔 것이 게임중독자를 판별해 내고 있는 게임중독 척도의 문제점에 초점을 맞추었다.

더 나아가 게임이 가지고 있는 내외적 가치를 통하여 게임이 변신하고 있는 현장을 살펴봄으로써 게임을 둘러싼 편견을 거둬 내고, 게임의 긍정적 측면에서 벌어지고 있는 게임의 변신과 게임미래를 집어봄으로써 게임이 우리생활에 얼마나 가깝게 다가와 있는가를 점검해 보고자 했다. 즉 이스포츠와 게임을 둘러싼 인문학적 연구, 게임과 예술 그리고 게임을 통한 디지털치료제 개발 등을 살펴본다.

2020년 코로나바이러스감염증-19(COVID-19)가 지구촌을 휩쓸어 온 인류가 공포에 사로 잡혀 있다. 2021년에 들어서면서 코로나-19에 맞서는 백신이 개발되어 인류에게 희망의 메시지를 주는가 싶더니, 백신 접종의 부자 나라와 백신 구입이 힘든 가난한 나라로 지구촌이 차별화되면서, 팬데믹은 인류에게 또 다른 암울한 메시지를 던져주고 있다. 마스크를 쓰고, 하루 일과를 시작하는 일상이 너무나 자연스러운 습관이 된지 오래 되었다. 지구촌 저편의 사람들이 여기저기서 마스크를 벗고, 일상생활을 하는 뉴스와 정보 들을 접하기도 하지만 여전히 주위를 둘러보면 마스크 쓴 얼굴들이 더욱 친숙한 모습으로 다가오고 있는 것이 현실이다.

몇 년 전만 해도 4차 산업 혁명으로 전 인류는 지금까지 겪어보지 못한 새로운 문명의 혜택을 보게 될 것이라는 예측이 무색할 정도로 전 인류는 바이러스와의 전쟁으로 지쳐가고 있다. 이러한 팬데믹 상황에서도 그 동안 천대를 받고 있던 게임이 집안에서 가족이 함께 즐기고, 화목을 도모하는 도구로 자리 매김함을 목격하고 있다. 게임을 통하여 위로를 받고, 지구촌 저편의 사람들과 친구를 사귀기도 한다. 게임은 가상과 현실의 경계를 허물면서 새로운 디지털 문화를 만들어 가고 있다.

게임의 미래를 점쳐 보는 것도 의미가 있는 주제일 듯 보였다. 아무쪼록 저자의 책이 팬데믹 상황에서 게임이 주는 의미를 다시 한 번 되새겨보고, 게임이용장애에 대한 깊은 이해가 있기를 빌어 본다. WHO의 게임이용장애를 국내에 도입하는 문제를 다루는 정책 결정자, 의학 심리학계 전문가, 그리고 게임업계 및 연구자, 게임이용자들(특히 MZ세대), 게임과몰입관련 상담현장의 상담사들과 학부모 등 이해관계자 모두의 관점이 녹아나는 해결책이 나오기를 기대해 본다. 궁극에는 게임의 주 이용자인 청소년의 게임중독에 대한 잘못된 정보의 왜곡을 바로잡고, 게임에 대한 정확한 이해만이 학부모들의 불안을 덜어주고, 올바른 게임문화 정착을 앞당기는 지름길이 될 것을 믿기 때문이다.

일산 연구실에서

1장. 게임은 세대를 뛰어 넘는다

누구나 게임을 한다.
- 제인 맥고니걸

1장. 게임은 세대를 뛰어 넘는다

게임: 편견을 넘다

21세기를 맞이하면서 모든 연령층이 게임을 즐길 수 있는 환경 자체가 보편화되었다. 과거 1980-90년대 비디오게임 및 컴퓨터게임 이 주류를 이루던 시절에는 게임소프트웨어를 구입하고, 게임을 플 레이하기 위해서는 해당 게임을 즐길 수 있는 게임기기와 게임 소프 트웨어를 각 각 구입하여야 했기 때문에 게임이용자들에게는 경제 적 부담감이 컸다. 게임을 구현하기 위해서는 게임기기 및 소프트웨 어에 대한 지식과 노하우가 필수라서 청소년 및 얼리어답터를 중심 으로 게임 이용자층이 제한될 수밖에 없었다. 물론 게임기가 설치 된 오락실에서 제공하는 게임은 일반인들도 간단한 조작 방법 습득 으로 게임을 즐길 수는 있었지만, 게임은 그렇게 쉽게 범접할 수 있 는 오락은 아니었다.

게임이 처음 선을 보인 것은 1970-1980년 전후로 오락실용 비디 오게임기(아케이드게임기라고도 칭함)와 가정용 비디오게임기의 탄 생에서 시작되었다.[1] 지금은 상상하기 힘들 정도로 오락실용 비디오 게임기 화면은 흑백에다 진공관으로 만들어져 있었다. 진공관 게임 기는 프로그램 구현이 제한되어 간단한 아이디어 차원의 게임들을 만들 수밖에 없었다. 그 후에 진공관은 트랜지스터로, 트랜지스터는 다시 반도체 칩으로 대체되면서 더욱 작고 강력한 오락실용 비디오 게임기가 탄생하였다. 전자게임기라는 창의적 놀이기기의 탄생은 IT 기술의 발전과 함께 진화하며 새로운 차원의 오락문화의 장을 열었 다. 비록 가상공간이지만 게임스크린 속은 현실에서 경험 못한 새로운 세상을 게임플레이어들에게 제공하였다. 새로운 세계를 접한 게임 플레이어들은 비디오게임에 열광할 수 밖에 없었다.

초창기 그 열기는 무척이나 뜨거웠던 듯하다. 실제로 전자오락의 탄생 원조국인 미국과 일본의 경우는 산업적 측면에서나 문화적 측면에서 전자오락에 대한 투자와 게임이용자는 폭발적인 증가세를 보이고 있었다. 당시 게임기 판매(오락실용 게임기, 가정용 비디오게임기, 휴대용 게임기 등)를 주도한 것은 강력한 소프트웨어 개발과 성공에 달려 있었다. 게임소프트웨어의 독점 판매는 게임기 판매에 절대적인 무기였다. 1988년 닌텐도 아메리카의 매출은 17억 달러로 닌텐도 회사 한곳이 미국의 대일 무역적자의 10분1을 차지했다고 한다. 반면에 닌텐도게임의 성공에 비례하여 미국 내에서의 닌텐도게임에 대한 부정적 여론 또한 급증하였다. 이유는 비디오게임이 청소년의 폭력성을 유발하고 건강에 해를 끼치며, 학업에 지장을 초래한다는 것이었다. 청소년들이 전자오락의 주 소비층이다 보니, 전자오락의 폐해에 대한 논란이 미국 사회에 급속도로 퍼지게 되었다. 만화가 처음 세상에 나와 겪게 되었던 산업의 전철을 게임도 겪게 되었다.[2]

교사와 학부모들을 중심으로 닌텐도 게임이 아이들의 공부에 방해가 되고 있다는 소문이 급속도로 퍼져 나갔다. 급기야는 심장질환을 앓고 있는 학생의 10퍼센트가 닌텐도 게임 때문에 발생하고 있다는 검증되지 않은 연구가 발표되기도 하여 시민단체들로부터 게임은 집중적인 포화를 받기도 했다. 유대인 단체에서는 닌텐도 게임 <젤다의 전설, The Legend of Zelda>의 세번째 던전 윤곽이 독일 나치당의 표장과 유사하다는 억지 주장을 펴기도 했다. 미국에서 닌텐도 게임의 문제는 게임산업 뿐만 아니라 사회 전체로 번져나갔다.[3]

그럼에도 불구하고 청소년들의 전자게임에 대한 열기는 뜨거워만 갔다. 그 당시 게임들은 현재 21세기 현대인들의 필수품인 스마트폰이나 퍼스널 컴퓨터, 태블릿 등 디지털 기기에서 구현되고 있는 게임들에 비하면 조잡한 수준이었음에도 불구하고 전자게임에 대한 사랑은 식을 줄 몰랐다. 그래픽 수준과 게임의 완성도가 턱없이 낮은 수준임에도 청소년들에게 게임소프트웨어가 안겨주는 재미는 설명할 수 없는 판타지 그 자체였다. 현실세계와 다른 가상세계를 배경으로 한 게임소프트웨어는 청소년들에게 새로운 볼거리와 경험을 제공하였다. 가상세계에서 게임플레이어는 주인공 역할을 할 수 있도록 프로그램 되어 있었다. 전자게임이 등장하기 전까지 어떤 오락에서도 행위자가 주인공이 되고, 행위 결과에 대한 빠른 피드백을 받았던 적이 없었다. 게임처럼 한 콘텐츠 내에서 영상과 음향 그리고 스토리를 경험할 수 있는 상호작용적 문화 콘텐츠를 접해 보지 못했다. 오락실용 게임과 가정용 비디오게임기 성능의 한계, 낮은 해상도의 그래픽, 음향 효과의 부족마저도 게임이 플레이어들에게 제공하는 가상세계의 재미를 반감시킬 수는 없었다.

1969년에 스탠퍼드대학교, UCLA, UC산타바바라, 유타대학교 등 미국 서부에 있는 4개 대학을 잇는 통신네트워크인 알파넷(ARPA Net)이라는 인터넷의 전신이 만들어진 이후, 인터넷이 상용화 되면서 2018년 말 통계로 인터넷 사용 인구는 전 세계 39억 명을 넘어 세계인구의 절반이 넘었다. 지금도 인터넷 사용 인구는 계속 늘어나고 있다.[4] 게임도 인터넷 시대를 맞이하면서 비약적인 발전을 거듭해 왔다. 네트워크게임, 인터넷게임과 소셜게임, 그리고 모바일게임과 클라우드게임이라는 게임 환경 변화는 IT와 인터넷 기술 발전이 있었기에 가능한 일이었다. 물론 게임플레이어들의 게임에 대한 식지 않는 열정도 한몫을 했다. 게임플레이어들의 사랑을 받던 고전 게임 소프트웨어(오락실 및 비디오게임시절)들에 대한 후광은 영화 마니아들 못지 않았다. 21세기 지금도 사랑을 받고 있는 게임 명작 "슈퍼 마리오 시리즈, 파이널 판타지 시리즈, 다양한 형식의 테트리스, 스타크래프트, 리니지, 바람의 나라, 워크래프트" 등 이루 헤아릴 수 없는 많은 게임이 세대를 이어가면서도 잊히지 않고, 게임플레이어들에게 사랑을 받고 있는 것이 이를 증명한다. 게임세대(MZ, 1980년부터 2004년 사이에 태어난 세대를 일컫는다. 한국의 경우는 1700만 명 정도로 전체 인구의 약34%를 차지하고 있다)[5]가 성인이 된 현재도 레트로 게임이란 유행 아래 고전 게임들이 다시금 부활하여 속편들을 쏟아 내고 있다.

　국내의 경우를 뒤돌아보면, 20세기 후반 미국 및 일본의 게임소프트웨어와 게임기를 수입하여 게임산업의 명맥을 이어오던 국내 게임산업은 닷컴 버블과 함께 침체기를 맞이하며 동반 추락하였다. 삼성, 현대, SK ,LG 등 대기업이 게임 산업을 접고, 중소개발사 마저도 게임 개발을 포기하는 위기 상황에 직면했다. 한때 미원, 종근당 등 게임과 관련 없던 기업들이 게임유통회사 혹은 게임개발회사를 설립하여 게임산업에 뛰어 들었던 시기를 회상해보면 게임산업의 발전 가능성을 산업계에서도 예견하고 있었던 듯하다. 다만 게임 개발과 유통의 혁신적인 변화를 예견하지 못하여 게임시장에서 실패했을 뿐이다. 게임의 유통혁명을 일으킨 장본인은 인터넷(ADSL, Asymmetric Digital Subscriber Line) 망의 고도화와 상용화였다. 전화선을 통한 인터넷 상용화는 게임 산업계에 새로운 촉매제가 되어 인터넷게임이라는 새로운 게임플랫폼을 탄생시켰다. 비록 네트워크 게임이었지만, 미국 게임회사 블리자드가 개발한 <스타크래프트, Starcraft>의 국내 보급과 함께 전국의 PC방이 활성화되면서 국내 게임 산업은 새로운 전기를 맞이하였다.

2007년 이후 스마트폰과 태블릿PC의 등장, 인터넷의 광대역화와 망 고도화는 온라인 게임과 모바일 게임의 성장을 촉진하면서 게임을 즐기는 연령층을 넓혀왔고, 게임 장르의 벽도 허물어져 다양한 게임의 개발과 보급을 앞세운 게임개발사 들의 성장으로 게임산업은 새로운 르네상스시기를 맞이하고 있다. 구글과 애플의 앱 장터는 게임 유통에 새로운 혁신을 가져와 언제 어디서나 게임소프트웨어를 구입하고, 즐길 수 있는 환경이 마련되었다. 5G시대를 맞이하여 본격적인 클라우드 게임 시대를 준비하고 있는 것이 게임 산업계의 현주소다. 게임은 전 세계인이 즐기는 디지털 오락이며, 문화콘텐츠산업의 중심에 자리하고 있다.

각 나라마다 인터넷 환경 및 게임소프트웨어를 즐길 수 있는 디지털 기기의 보급 차이에 따라서 게임을 즐기는 인구의 격차는 존재하였지만, 스마트폰의 대중화로 그 격차는 좁혀지고 있다. 제한된 장소와 제한된 디지털 기기, 제한된 게임소프트웨어로만 즐길 수 있었던 게임이 이제는 언제, 어디서나 어떤 디지털 기기로도 게임을 즐길 수 있는 환경이 마련되었기 때문이다. 게임은 이제 게임마니아들의 전유물이 아니다. 《누구나 게임을 한다 (Reality is broken)》의 저자인 제인 맥고니걸(Jane McGonigal)이 말했듯이 "누구나 게임을 하는 시대"가 되었다. 지구촌에 거주하는 수십억 명이 게임 공간으로 대이동을 하고 있다. 그들은 게임이란 가상세계에서 현실에서는 맛 볼 수 없는 경험과 지식을 공유한다. 현대사회가 충족시켜 주지 못하는 인간의 진정한 욕망을 게임을 통하여 충족한다. 게임은 현실이 주지 못하는 보상을 주며 현실과 다른 방식으로 배우고, 느끼고, 움직인다. 현실과 다른 방식으로 세대를 하나로 묶는다. 세대 공감을 넓히며 세상을 연결하고 있다.

게임을 부정적으로 보거나 게임을 즐기지 않는 사람들 시각에서 보면 이러한 현상이 현실도피 현상으로 보일 수 있다. 그들은 게임에 의존하는 플레이어를 게임중독자라 칭하며, 게임의 가상세계에 중독된 현실의 패배자로 낙인을 찍기도 한다. 게임의 부정적 분위기를 조성하여 플레이어들이 게임에 접근하는 것을 막기 위한 방편으로 각종 규제를 만들기도 한다. 국내에서는 2011년 11월 20일부터 청소년들(16세미만)의 과도한 인터넷게임이용을 제한하는 "인터넷게임 제공시간 제한제도" 혹은 "청소년 인터넷게임 건전 이용제도(일명 인터넷게임셧다운제)"를 제정하여 저녁 10시부터 다음날 6시까지 온라인게임이용을 제한하고 있다.[7] 심지어 게임 개발사들에게 도박 산업에 적용하는 강제적 형식의 법정 기부 세금을 부과하려는 시도가 있기도 했다. 급기야 2019년 세계보건기구(WHO)는 게임이용을 질병으로 분류하였다. 회원국들에게도 게임이용을 질병으로 분류하여 정신질환의 일종으로 치료하기를 권고하고 있다. 국내에서도 이 문제를 두고 게임업계와 의학계가 충돌하고 있다. 급기야 정부에서는 2025년 국내도입을 위한 방안을 찾고자 민관이 참여한 대책위원회를 구성하고, 본격적인 연구 및 대책 마련에 들어갔다. 게임이용장애를 질병코드화 하려는 문제는 좀 더 심도 있게 살펴볼 문제이기에 4장에서 논의하기로 한다.

게임이용장애를 질병코드화하는 방법은 합리적 선택지로 생각되지 않는다. MZ세대에게 이미 게임은 그들의 생활 속 오락으로 안착한지 오래되었기 때문이다. MZ세대가 즐기는 게임을 바라보는 관점은 먼저 그들의 눈높이에서 판단하여야 한다. 게임플레이어를 이야기할 때, 게임의 장르, 디바이스, 서비스 환경 못지않게 MZ세대를 진단하는 방법이 달라야 함은 그들이 자란 시기가 전 세대들과 다른 IT 문화 환경이었다는 것을 고려할 필요가 있다. 그 결과 게임세계로의 대이동은 일어나고 있다. 이를 뒤집을 극적인 변화가 일어나지 않는 한 세계 인구의 상당수가 게임기술 습득에 가장 큰 노력을 기울이고, 게임 환경에서 가장 좋은 추억을 만들며, 게임세계에서 가장 큰 성공의 기쁨을 경험하는 가상사회로 빠르게 빠져들고 있다. 게임으로 교육제도가 개선될 것이며 게임을 통해 우울증(기분장애), 비만, 불안장애, 주의력결핍장애(이러한 질병이 게임 때문에 생긴다는 반대 논리도 있다. 게임을 어떻게 활용하느냐에 따라서 상황은 달라질 것이다) 등이 치료 될 것이다. 게임 덕분에 장·노년층도 사회 활동에 의욕적으로 참여하고 더 큰 사회적 소속감을 느낄 수 있을 것이다. 게임에 힘입어 참여 민주주의도 비약적으로 발전할 것이다. 또한 게임으로 기후변화와 빈곤 같은 세계적 문제에 맞서게 될 것이다. 실제로 유엔개발계획(UNDP)이 영국 옥스퍼드대학교와 함께 2020년 10월 7일부터 12월 4일까지 약 2개월간 전세계 50개국 120만 명을 대상으로 "기후변화에 대한 여론조사"를 실시하였다. 특이 사항은 기존의 여론조사 방법인 전화나 이메일이 아닌 <앵그리버드>, <드래곤시티> 등 모바일게임의 광고를 통해 진행되었다는 점이 흥미롭다.[8]

제인 맥고니걸의 말처럼 게임을 통해 행복, 회복, 창조와 관련된 핵심적인 능력이 증대되고 세상에 의미 있는 변화를 일으킬 힘이 생길 것이다. 미국게임협회(ESA, entertainment software association)가 발간한 《2019 ESSENTIAL FACTS, About the Video Game Industry》에 따르면, 미국 성인의 65%(1억6천4백만 명)가 게임을 즐기고 있고, 가구당 게임 소프트웨어를 1개 이상 보유하고 있는 것으로 조사되었다. 게임이용자 중에 성별 비율은 여성이 46%, 남성이 54%로 나타났다. 게임이용자의 평균 나이는 여성은 34세이며, 남성은 32세였다. 게임을 즐기는 사람들은 취미생활에도 적극적인 것으로 나타났다. 게임을 즐기는 사람들은 창조적인 취미로 분류되는 그림 그리기, 글쓰기, 노래 배우기 등에도 56%가 참여하고 있는 반면에, 게임을 즐기지 않는 사람들의 참여 비율은 49%에 머무르고 있었다. 취미로 악기를 연주하는 비율도 게임을 즐기는 사람들은 32%인 반면 게임을 즐기지 않는 사람들은 27%에 불과하였다. 개인의 심신단련을 위한 명상 관련 프로그램에도 게임을 즐기는 사람들은 32%가 참여했는데 비하여 게임을 즐기지 않는 사람들은 27%가 참여하는데 그쳤다. 채소 등을 가꾸는 야외 활동에서도 게임을 즐기는 사람들은 17%가 참여하고 있는데 비하여 게임을 즐기지 않는 사람들은 13%만이 참여하고 있었다. 통계는 게임이 성별 차이나 사회 계층을 초월하여 미국 국민들의 여가문화로 자리 잡고 있다는 것을 확인시켜 준다.

이러한 현상은 2020년 COVID-19 상황에서도 이어졌다. 미국

게임협회가 발간한 《2019 ESSENTIAL FACTS, About the Video Game Industry》에 따르면, 미국 국민의 75%가 가정에서 적어도 한 가지 게임은 즐기고 있고, 장애를 갖고 있는 국민들의 4천6백만명이 게임을 즐기고 있다는 보고는 게임이 미국 국민들이 즐기는 오락으로 확고히 자리 잡았음을 보여준다. 코로나 상황이었기에 2019년 보고서에 담겼던 게임이용자들의 취미나 여가생활 등을 조사하지 못하여 비교할 수 있는 통계 자료는 없다. 그러나 미국 국민들도 다른 국가들과 같이 팬데믹 상황에서 집에 머무르는 시간이 늘어남에 따라서 게임이용자가 많이 늘어났음을 알 수 있다. 2019년에 전 국민의 65%가 게임을 즐겼던 것에 비하여 2020년에는 75%의 국민이 즐긴 것으로 조사되었다. 2019년에 비하여 2020년에 게임이용자 비율이 약 10%p가 증가한 것이다.

이러한 현상은 게임 선진국인 미국의 상황에만 국한된 것은 아니다. 이웃한 캐나다의 경우를 보자. 캐나다 엔터테인먼트 소프트웨어 협회(Entertainment Software Association of Canada)가 발간한 《Real Canadian Gamer ESSENTIAL FACTS 2020》에 따르면 전 국민의 61%(2천3백만 명)가 비디오게임을 즐기고 있는 것으로 조사되었다. 게임이용자의 평균나이는 34세였으며, 게임이용자의 50%가 여성, 50%가 남성으로 성별 차이 없이 게임을 이용하고 있었다. 팬데믹 상황에서 캐나다인들은 성인, 청소년 관계없이 게임이 집에서의 고립감을 경감시켜주고, 긴장완화와 같은 정신건강에 도움이 되었다고 응답하였다. 부모들은 자녀들과 게임을 통하여 가족애를 키우고, 이웃과의 유대관계를 게임을 통하여 지속할 수 있었다고 응답하고 있다. 그만큼 팬데믹 상황에서 게임은 가족의 화합과 이웃과의 유대 그리고 정신적 건강 유지에 많은 도움이 되었다는 것을 보여주고 있다.

한국의 경우에도 COVID-19 상황에서 게임이용자는 늘어났다. 한국콘텐츠진흥원의 조사에 의하면 2019년 전체국민의 65.7%가 게임을 즐기는 것으로 나타났고, 2020년에는 COVID-19 상황에서 70.5%로 조사되어 전년대비 4.8%p가 증가한 것을 알 수 있다. 북미나 유럽과 달리 한국의 경우는 비디오게임보다는 인터넷게임이나 모바일게임이 주이용 플랫폼이다 보니, 가정에서 게임을 함께 즐기는 문화보다는 PC방이나 나 홀로 게임을 즐기는 문화가 자리 잡고 있어 북미나 유럽과 단순 비교를 하기는 어렵다. 그럼에도 불구하고 한국도 게임 선진국인 북미처럼 COVID-19 환경에서 게임에 대한 긍정적 인식이 널리 퍼져가고 있음을 감지할 수 있다.

2020년말 한국인터넷기업협회와 연세대 게임문화연구센터(2020년 10-12월)가 공동 연구하여 발표한 《포스트 코로나-19 시대, 게임가치의 재발견》의 내용을 보면 알 수 있다. 보고서의 결말에서 언급된 내용은 다음과 같다. "첫째로 디지털게임이 일상의 일부로 편입되는 조짐이 보인다. 더 많은 계층(여성, 노인층을 포함하여)이 더 많은 게임을 즐기고 있다. 둘째는 게임에 대한 인식이 변하고 있다. 게임을 취미가 아니라 휴식에 가까운 소일거리로 여기고 있다. 셋째는 하드코어 게이머가 주변으로 밀려나고, 일반 게임이용자층이 두꺼워질 것이라고 추론한다. 넷째는 PC방의 중요성이 사라지고 가정 공간에서 게임이 일상화될 것이다. 콘솔게임은 육아 및 교육도구로서 재평가되었고, 콘솔게임을 통하여 친교의 공간이 마련되었다. 다섯째는 특히 노년층의 게임인구가 늘었고, 앞으로도 늘어날 것이다."

국내가 COVID-19 환경이라는 점을 감안하더라도 보고서의 내용만 보면 건전한 게임문화 확산 및 정착의 청신호가 감지된다. 그동안 한국에서 게임은 가볍게 즐기는 오락이라는 관점보다는 부정적 취미생활, 일부 청소년층의 전유물로 여겨졌던 것이 사실이다. 중고등학생의 경우에는 학교 성적 하락의 최대 장애물로 게임이 지적되곤 했다. 하드코어 게임플레이어들은 게임중독이라는 굴레에서 벗어날 수 없었다. 미국이나 캐나다의 보고서에서 보듯이 그들은 게임을 특별한 취미로 하는 것이 아니라, 스트레스 해소와 긴장완화 그리고 친교와 가족의 유대 등에 도움이 되는 가벼운 오락 정도로 생각한다. 그러나 한국의 경우는 아직도 게임을 국민들이 취미로 즐기는 등산, 낚시, 농구 등과 같이 스트레스 해소를 위한 가벼운 오락 정도로 인식되는 게임문화 정착은 시간이 좀 더 필요할 듯하다.

이러한 통계들은 과거 1970-80년대에 게임을 접한 베이비붐 세대에게는 상상할 수 없는 일이다. MZ세대들이 사회의 주류문화를 형성하면서 나타난 새로운 라이프 스타일이며, 새로운 오락문화의 확산이라고 할 수 있다. 과거와 달리 게임세대는 게임에 대한 인식에서부터 게임 이용까지 새로운 게임문화를 만들어가고 있다. 이전 세대와 다르게 게임의 긍정적 측면을 생활 속에 안착시키고 있다.

디지털게임은 왜 이렇게 막강하게 사회문화적 코드로 자리를 잡은 것일까.《게임세대 회사를 점령하다》의 저자 존 벡(John C.Beck)은 이러한 현상을 다음과 같이 진단하고 있다. 게임이 게임세대에게 강력한 영향력을 발휘하는 이유를 보면, 첫째는 게임 못지않게 화려하고 강력한 과학기술은 많지만 게임처럼 한 연령층이 당연하게 받아들인 과학기술은 없다. 미국게임협회의 2020년 보고서가 말해주듯이 미국 성인의 75%가 게임을 즐기고 있다는 것은 게임세대가 그 사회의 주류층을 형성하기까지 그들만의 강력한 접근성과 친밀성을 내포한 과학기술은 없었다. 둘째는 게임만큼 윗세대에서 철저하게 외면당한 과학기술은 없다는 것이다.[9]

그만큼 게임은 세대를 구분하는 확실한 차별점을 가지고 있었다. 게임세대만이 가지고 있는 게임언어를 기성세대는 잘 알지 못한다. 오락실 게임을 즐겼던 세대(베이비붐세대)들은 오늘날의 다양한 게임 속성을 그들이 과거에 경험했던 오락실 게임의 연장선으로 생각하고, 단순한 오락물로 간주하는 경향이 있다. 그들이 경험했던 전자오락은 지금의 디지털게임과 비교가 될 수 없다. IT기술에 대한 이해는 다양한 연령층이 공유하고, 이용하지만 게임은 그렇지 않았다. 게임세대가 공유한 게임언어는 그들을 하나의 특별한 공동체로 만들었다. 게임은 이제 일상적 문화 속으로 들어 왔다. 게임세대들은 집단경험을 공유한다. 게임을 통하여 친구가 되고, 이웃이 된다. 게임을 모르면(게임을 즐기지 않는 비주류든, 게임을 즐기는 주류 상관없이) 외톨이가 되는 것이 지금의 현상이다.

존 벡은 한국의 국내 IT전문 언론사(전자신문)와의 인터뷰에서 게임세대를 시대의 특별한 공동체로 분류하면서 게임세대의 부상이 회사라는 조직에 새로운 바람을 일으키고 있음을 확인시켜 주었다. "게임세대는 기성세대가 만든 비즈니스 규칙을 송두리째 바꿔 놓으면서 경제 주류로 부상하고 있다고 강조했다. 게임세대가 트레이닝과 비즈니스 전략 수립, 고객을 대하는 방법 등에서 기성세대에 비해 훨씬 유연하고 효율적인 모습을 보이고 있다. 이제 게임플레이어를 바라보는 마인드 자체를 바꿔야 한다"고 언급하였다.

2000년대 초반 닷컴 붐과 몰락이 순식간에 이뤄지는 불확실성을 겪었던 시대에 젊은 시절을 보냈던 M세대와 2000년대에 태어난 Z세대에게는 게임은 단순한 오락이 아니었다. 그들의 공유 문화 코드였다. 21세기 비즈니스 환경에서 게임세대의 존재감은 더욱 두드러진다. 기성세대는 비즈니스 실패를 좌절로 받아들이지만 게임세대는 하나의 게임이 끝난 것으로 이해하고 다음의 게임을 준비할 뿐이다. 게임을 경험한 세대는 꽉 짜여 진 틀보다는 장기적인 목표를 세우는 데 익숙하며 외부 변수에 능동적으로 대처할 수 있다는 게 그의 주장이다. 이 같은 게임세대의 특징은 그가 즐기는 게임의 장르에 관계 없이 나타난다고 한다.

게임의 미래는 예측을 불허한다. 게임세대가 사회의 주류를 형성한 현시대의 모습을 보면서 게임의 미래를 예측한다는 것은 깜깜한 밤하늘에서 바늘을 찾는 것만큼이나 어려운 일이다. 게임은 플레이어가 컴퓨터게임(비디오게임)과 대결하던 스탠드얼론 게임시대에서 네트워크를 이용하여 제한된 게임플레이어들이 게임을 함께 하던 네트워크 게임시대에서 다자간 게임플레이어들이 인터넷을 통하여 게임을 함께하는 인터넷 게임시대로 진화하였다. 진화의 끝에 스마트폰의 대중화는 소셜네트워크게임(SNG, Social Networking Game)[10]라는 새로운 혁신 게임을 더하며 21세기 게임의 융합시대를 이끌고 있다. 즉 비디오게임, 컴퓨터게임, 인터넷게임, 스마트폰게임, 휴대용게임 그리고 클라우드를 이용한 게임 등이 게임시장에 혼재하고 있다. 앞으로 게임의 미래를 점치기는 더욱 어려운 환경이 되어 가고 있다. 또한 존벡이 언급했던 게임세대라는 세대구분도 점차 사라지고 있다. 스마트폰의 대중화로 게임은 모든 연령층이 이용하는 오락으로 자리 잡아가고 있기 때문이다. 모든 연령층이 게임세대가 되는 현실이 눈앞에 다가오고 있는 것이다.

덧붙여

1. 최초의 컴퓨터게임은 1961년에 제작된 <스페이스워>다. 미국의 MIT 공대생 스티브 러셀이 만든 게임으로서 가전제품도 아니고, 게임기계도 아니었다. PDP(DEC사가 제작한 진공컴퓨터) 장비테스트로 만든 게임이다. 2인용 우주선 전투게임이었다. 또한 최초의 비디오게임기는 랄프 베어가 1971년 마그나복스에서 출시한 <오디세이>를 통해서다.

2. 미국 만화가 규제가 극심했던 시기는 1940년대 후반에서 50년대다. 1954년 만화 규율 위원회(Comics Code Authority)가 설립되어서 만화에 대한 규율이 극에 달했었다. 이 일에 앞장 선 건 프레드릭 워댐이란 사람으로 코믹스 코드라는 걸 만들었고, 저서 《순수함의 유혹(Seduction of Innocent)》에서 수많은 슈퍼히어로, 범죄, 공포 만화들을 비난했다. 이때는 만화가 해롭다는 걸 민중에게 보여주기 위해 '아이들이 만화를 읽은 뒤, 칼로 나무나 주변 아이를 찌르는 광고'를 만들거나 만화를 한 군데에 모아서 불태우기도 했다. 위키피디아 인용

3. "닌텐도 내부 기록에 따르면 1986년에는 180만대, 1987년에는 540만대, 1988년에는 980만대의 콘솔게임기가 판매되었다."고 한다. 닌텐도게임의 성공은 당시에 미국인들에게 대일무역적자에 대해 매우 불편한 심기를 가지고 있었다고 한다. pp.302-303, 스티브 켄트, 게임의 시대(The Ultimate History of VIDEO GAMES), 2006, 파스칼북스.

4. 2018년은 세계 인터넷 역사에서 분기점을 이룬 해로 기록되게 됐다. 국제전기통신연합(ITU)의 발표에 따르면, 세계 인터넷 이용자 수는 2018년 말로 세계 인구의 절반을 넘어선 것으로 추정된다. 보도 자료를 통해 "전 세계 인터넷 이용자 수는 2018년 말까지 전 세계 인구의 51.2%인 39억 명에 이를 것으로 추정 된다"고 밝혔다. 이는 한 해 전보다 2억 5천만 명(약 7%) 늘어난 것이다. 이로써 전 세계 인터넷 인구는 2005년 10억 명을 넘어선 이후 13년 사이에 4배나 늘어났다. 가구 기준으로는 전 세계 가구의 60%가 인터넷에 접속하고 있는 것으로 분석됐다. 이는 2005년의 20%보다 세 배나 늘어난 것이다. 허우린 자오 국제전기통신연합 사무총장은 "2018년은 전 세계가 포괄적인 정보화 사회로 나아가는 데 큰 발걸음을 디딘 해"라고 말했다. 한겨레신문, 2019.01.02.

5. 밀레니얼(Y2000) 세대(1980년대 중반부터 1990년대 중반 사이에 태어난 세대)를 뒤잇는 세대를 Z세대라 한다. 세대를 가르는 정확한 기준은 없다. 인구통계학자들은 일반적으로 1990년대 중반에서 2000년대 중반까지 출생한 세대를 Z세대로 분류하지만 언제까지를 Z세대의 끝으로 간주할 지에 대해서도 통일된 의견이 없다. Z세대를 규정하는 가장 큰 특징은 디지털 원주민(digital native)이다. 2000년 초반 정보기술(IT) 붐과 함께 유년 시절부터 인터넷 등의 디지털 환경에 노출된 세대답게 신기술에 민감할 뿐만 아니라 이를 소비활동에도 적극 활용하고 있다. 단적인 예로 옷이나 신발, 책, 음반은 물론 게임기 등 전자기기의 온라인 구매 비중이 모두 50%를 넘는다. 소셜미디어를 적극 활용, 신중하게 구매하

는 경향도 강하다. 온라인 매체 비즈니스인사이더는 X, Y세대가 이상주의적인 반면 Z세대는 개인적이고 독립적이며, 경제적 가치를 우선시하는 등 이전 세대와 다른 소비패턴을 보인다고 분석했다. 네이버 지식백과

매경 미라클 레터에서 소개한 Z세대의 특징을 요약하면 다음과 같다.

(1) Gen Z 들은 교육을 받으면 밝은 미래가 온다는 것을 믿는 긍정적 성향이 있다.

(2) 하지만 그들은 앉아서 받는 교육이 아니라 실행하면서 얻는 배움을 원한다

(3) 그들은 태어나면서 부터 모바일을 알았다

(4) 그래서 그들은 모두가 인플루언서들이다

(5) 그들은 경제위기, 4차산업혁명, 사회적 분열 등과 같은 불안함 속에서 컸다.

(6) 그 속에서도 타인에게 선한 영향을 주기위해 겸손함과 진정성을 잊지 않았다

6. 기존의 전화선을 이용하여 컴퓨터가 데이터 통신을 할 수 있게 하는 통신수단이다. 별도의 회선을 설치하지 않고도 기존에 사용하던 전화선으로 통신이 가능하다는 장점이 있다. 1988년 미국의 벨코어가 주문형 비디오(VOD)의 상용화 서비스를 위해 개발한 기술이다. 그러나 VOD의 상용화가 진척되지 않아 ADSL도 크게 부각되지 못하였다. ADSL에 대

한 관심이 다시 일기 시작한 것은 1995년 인터넷 붐과 함께 통신속도가 문제가 되면서부터다. ADSL은 전화국과 각 가정이 직접 1:1로 연결되며 전화국에서 사용자까지 데이터가 내려가는 하향의 경우에는 일반적으로 최저 1.5Mb 이상의 고속 데이터 통신이 가능하고, 반대로 사용자로부터 전화국까지의 상향 신호는 상당히 느리다. 따라서 상하향이 같은 대칭형 서비스가 아닌 비대칭형 서비스라고 한다.

장점은 전화선이나 전화기를 그대로 사용하면서도 고속 데이터 통신이 가능할 뿐만 아니라 한 전화선으로 일반 전화통신과 데이터 통신을 모두 처리할 수 있다는 것이다. 기존 모뎀은 전화와 데이터 통신을 동시에 사용할 수 없다. ISDN은 동시 사용이 가능하지만 데이터 통신 속도가 절반으로 떨어진다. 하지만 ADSL은 음성통신은 낮은 주파수 대역을 이용하고 데이터 통신은 높은 주파수 대역을 이용하기 때문에 혼선이 일어나지 않고 통신속도도 떨어지지 않는다. 그러나 쌍방향 서비스로 이루어지는 원격진료나 원격교육 같은 서비스에서는 효율이 떨어진다는 단점도 있다. 저자 주

7. 청소년보호법 제23조의 3 심야시간대의 인터넷게임 제공시간 제한, 심야시간대(저녁 10시부터 다음날 6시까지)에 인터넷게임 제공시간 제한 게임물의 경우 매2년마다 평가하여 개선 등의 조치를 취해야 한다. 평가대상 게임물의 선정 및 평가사항을 결정하고 평가자문단의 평가결과를 바탕으로 적용대상 게임물의 범위를 매 2년마다 조정 및 개선해야 한다.(청소년보호법 시행령18조의2) 심야시간 게임이용시간 제한 제도 도

입은 청소년들이 저녁 10시부터 다음날 6시까지 인터넷게임이용을 제한하는 규제법이다. 2011년에 이 제도가 도입된 것은 2010부터 2011년까지 많은 게임관련 사건들이 발생하였기 때문이다. 예를 들면, 게임과몰입된 중학생이 자신을 나무라는 모친을 살해 후 본인도 자살한 사건(2010년 11월), 게임에 중독된 20대 엄마가 2살난 아들을 때려 숨지게 한 사건(2010년 12월), 게임과몰입된 미국 명문대 20대 중퇴생이 인터넷 게임에 빠져 이웃주민을 무차별 살해한 사건(2010년 12월) 등 게임관련 사건들이 연이어 발생하여 사회적 문제로 번지자, 여성가족부는 청소년보호법을 개정하여 청소년의 심야시간 인터넷게임이용을 제한하였다.

8. 유엔개발계획(UNDP)과 영국 옥스퍼드대학교는 2021년 1월 26일 기후변화 인식 여론조사 결과를 담은 보고서 《Peoples' Climate Vote》를 발표했다. 원문은 https://bit.ly/3tkKUrA에서 확인할 수 있다. 유엔개발계획(UNDP)·英 옥스퍼드대학교의 조사결과 전 세계 3명 중 2명이 "기후변화는 글로벌 비상사태로 환경 복원, 재생에너지 사용을 지지하는 것"으로 조사되었다. 응답자 120만 명 가운데 약 3분의 2인 64%가 "기후변화는 글로벌 비상사태"라고 응답했다. 나라별로는 영국 및 이탈리아(81%), 일본(79%), 프랑스 및 독일(77%) 등이 가장 높은 비중을 보였고, 이외 호주 72%, 러시아와 미국 65%, 인도 59% 등으로 나타났다. 가장 비율이 낮은 국가는 몰도바(50%)였다. 한국은 조사국에서 빠져있다

9. 2004년 당시 미국에서는 2세에서 17세 사이에 해당되는 어린이의

92%가 정기적으로 비디오게임을 즐기는 반면, 자녀를 두고 있는 가정 중에서 컴퓨터가 있는 집은 80%라고 하고 있다. 그만큼 게임은 한 연령층이 당연하게 받아들인 오락이 되고 있음을 보여주고 있다. 한해 수입이 5만 달러 이상인 가정은 2만 달러 이하인 가정보다 컴퓨터를 최소한 한 대 이상 보유할 확률이 거의 세배 정도 높았고, 인터넷이 설치되어 있을 확률은 네배 쯤으로 보았다. 그만큼 미국도 정보격차가 심했음에도 불구하고 어린이들의 비디오게임 사랑은 빈부격차를 초월하여 사랑을 받은 오락거리였음을 보여주고 있다. pp.46-47, 존백&미셸 웨이드, 게임세대 회사를 점령하다, 2006, 세종서적

10. 소셜네트워크게임(Social networking game)은 소셜네트워크서비스의 장점과 게임의 재미를 융합한 게임서비스를 일컫는다. <팜빌(FarmVille)>은 소셜게임회사 징가(Zynga, 2007년 7월 설립되어 회사 가치가 2010년에 5조 달러 이상의 평가를 받음)가 만든 농장 경영게임으로 게임의 장점은 SNS인 페이스북이나 트위터의 지인들과 함께 즐기는 게임으로 각자의 농장을 방문해서 돕는 형태의 게임이다.

1장. 게임은 세대를 뛰어 넘는다

2장. 게임은 재미다

"게임은 흥미로운 선택의 연속이다."
– 시드 마이어

2장. 게임은 재미다

게임과 재미

"게임을 왜 하는가?"라는 질문에 게임플레이어들의 공통적인 답변은 "재미가 있어서"라고 답변을 하는 것을 쉽게 찾을 수 있다. 플레이어는 게임이 주는 재미를 구체적으로 설명할 수는 없지만, 게임을 하는 행위 자체로 플레이어는 흥미(interest), 호기심(curiosity), 몰입(immersion), 몰두(involvement), 즐거움(enjoyment) 등을 느낀다고 이야기한다. 2009년 전자신문사는 온라인게임을 즐기는 플레이어들을 상대로 한 설문조사 "인터넷 및 게임 메가트랜드 조사"를 실시했다. 그 결과 온라인게임을 즐기는 플레이어들에게 "무엇 때문에 온라인게임을 하는가?"라는 질문에 무려 93.3%에 달하는 플레이어들이 "재미가 있어서"라고 응답했다. 재미가 무엇을 의미하는지 정의를 내려주고 받은 답변은 아니지만, 게임플레이어들은 게임 행위 자체에서 얻는 즐거움이나 행복감의 표현을 재미라고 표현하는 데 주저하지 않았다.

게임은 재미(Fun)가 있어야 한다. 플레이어는 게임 자체가 재미가 없으면 게임을 중단하거나 포기한다. 재미는 게임이 제공하는 본원적인 기능이다. 게임에서 재미라는 의미는 추론적 의미일 수 있지만, 게임을 실행하는 플레이어가 무의식적으로 공감하는 스키마다. 플레이어가 게임을 실행하면서 느끼는 재미를 표현하는 단어가 다양성을 띠고 있더라도 그 속에 내포된 의미는 재미의 범위를 벗어날 수 없다. 미국의 게임개발자 라프 코스터는 《재미이론》이란 책에서 다음과 같이 기술하고 있다. "재미라는 뜻의 영어 단어 fun의 어원은 바보를 뜻하는 중세 영어의 fonne이나, 즐거움을 뜻하는 게일어의 fonn에서 찾을 수 있다. 둘 중 어느 것이든지 간에 재미는 기쁨의 원천으로 정의된다. 게임의 재미란 퍼즐을 푸는 행위와 같은데 게임이 지닌 패턴을 찾고, 이해하여, 패턴의 해답을 찾는 행위의 과정에서 얻어지는 감성이라는 것이다."

이러한 라프 코스터의 재미이론에 대하여 2006년에 이장원, 윤준성은 자신들의 논문 〈게임의 미학적 잠재성과 가치 특성〉에서 다음과 같이 해석하기도 했다. "게임의 재미는 게임을 위한 전략 수립과 실행 과정을 통해 경험하게 된다고 이해해 볼 수 있다. 여기서 전략 수립은 게임의 환경을 분석하여 패턴을 찾고, 이해하는 과정이다. 그리고 실행과정은 전략 실행과 결과 판단의 과정으로 구성된다. 이 전체의 과정들은 반복적으로 이뤄지며, 플레이어는 실행 결과에 대한 피드백을 통한 수정과 재실행을 진행한다. 결과적으로 이 과정 안에서 플레이어는 자신이 원하는 목표 또는 결과를 얻었을 때 재미를 느끼게 된다"고 했다. 그러나 여기에 게임에 대한 플레이어의 기술이 뒷받침되지 않으면 게임에 대한 재미는 반감되어 버린다. 따라서 플레이어가 게임의 재미를 느끼기 위해서는 게임 기술의 숙달이 필요하고, 숙달은 이해로부터 온다. 게임을 함으로써 학습하게 된다.

교육 현장의 변혁을 주장하는 전 마이크로소프트 교육담당자 존 가우치도 《교실이 없는 시대가 온다(Rewiring Education)》에서 게임은 재미있고 마음을 사로잡는 놀이라 표현했다. 교육 현장에서 가장 인기 있는 교육용 비디오게임 <마인크래프트>를 교육용이라 홍보하지 않는다고 한다. 아이들이 엄청나게 재미있고 흥미로운 교육용 또는 학습용 게임을 하느니 차라리 <캔디크러시(Candy Crush)>처럼 규칙적이면서 약간 재미있는 모바일 게임을 선택할 것이라고 주장하였다. 게임이 재미없을 때는 플레이어는 게임 행위를 멈춰 버린다. 이러한 주장은 영국의 서식스대학교 사회학과 교수 벤 핀첨(Ben Finchan)이 《재미란 무엇인가?》에서 재미가 학습저장과 행동을 통한 학습을 장려하는 데 매우 효과적인 방법이라고 언급한 것과 일맥상통한다. 아이들의 마음속에서 놀이와 재미는 종종 성인과는 전혀 다른 방식으로 아주 밀접한 관계를 갖는다. 학교라는 단계를 거치면서 재미는 소외되고 구별되게 된다. 벤 핀첨이 재미에 관한 이론적 발전의 부족은 안타까운 일이라고 말하듯이 재미에 대한 연구물의 부족에도 불구하고, 우리는 놀이뿐만 아니라, 일상생활에서 즐거움을 느끼는 행동을 경험할 때 무의식적으로 재미있다는 표현을 즐겨 쓴다.

게임의 재미는 플레이어의 흥미와 참여 여부에 따라서 차이는 있겠지만 게임의 형태가 어떤 유형이든 게임 자체는 재미 요소를 갖고 있어야 한다는 것이 게임개발의 기본 원칙이다. 인터넷이 상용화되기 전 시기인 1980-90년대에 출시된 게임들도 게임 프로그래머가 정한 규칙과 경로를 따라서 플레이어가 경험하고, 학습하고, 엔딩을 경험하지만 게임의 재미라는 범주를 벗어날 수는 없다. 실제로 1995년 데비드 제럴드(David Gerold)는 게임제작자가 플레이어의 흥미를 유발하고, 재미있어 하는 게임을 만들기 가이드북 《컴퓨터게임》을 저술하였다. 가이드북에서 그는 재미있는 게임이란 플레이어들이 재미를 느낄 수 있도록 게임 속에 충분한 도전과제가 있어야 한다고 했다. 그러나 도전과제는 플레이어가 재미를 느낄 수 없을 정도로 어려워서는 안 된다고 하였다.

데비드 제럴드는 컴퓨터게임에서 플레이어의 흥미와 재미를 유발하기 위한 게임제작 기본 원칙 7가지를 제안하였다. "첫째는 플레이어가 게임과 원활한 인터페이스를 할 수 있도록 프로그래밍 되어야 한다. 둘째는 게임 안에서 플레이어가 행하는 행동에 대하여 게임은 즉각적인 피드백을 제공하도록 프로그래밍 되어야 한다. 셋째는 플레이어가 주체적 행위자가 되어 게임을 통제할 수 있는 게임 환경을 만들 수 있도록 프로그래밍 되어야 한다. 넷째는 플레이어의 행동이 게임에서 전체적 균형을 이루도록 프로그래밍 되어야 한다. 다섯째는 플레이어가 게임을 진행하는 데 너무 어렵지 않도록 프로그래밍 되어야 한다. 여섯째는 플레이어가 항상 새로운 것을 느끼고 생각하도록 게임 속에 놀라운 반전을 마련하여야 한다. 일곱째는 플레이어가 게임에 대한 흥미를 잃지 않도록, 게임 자체 내에 적당한 레벨 수준을 갖추어 게임에 더욱 몰입하도록 프로그래밍 되어야 한다"고 언급하였다.

　게임은 진화를 거듭한다. 게임개발자가 정한 규칙과 형식을 따르되 플레이어가 주인공이 되어 게임을 주도하도록 현대 게임은 설계되어 있다. 데비드 제럴드가 제안한 게임개발 기본원칙은 현재 게임개발에도 유용하지만, 현대 게임들은 게임과 플레이어의 상호작용과 자율성에 게임개발의 비중을 높게 두고 있다. 인터넷을 기반으로 한 게임의 경우는 한발 더 나아가 플레이어간의 협력과 커뮤니티를 강화하여 집단적 게임 행위를 장려한다. 게임 내의 공간에서 플레이어 간의 커뮤니케이션과 아이템의 구매활동과 교환활동을 통하여 집단의 수직과 수평 체계를 유지한다. 예를 들면 다사용자 온라인 롤플레잉게임(MMORPG, Massively Multiplayer Online Role Playing)과 같은 게임의 경우에는 플레이어가 게임이 제공하는 가상세계에서 자신의 아바타(페르소나)를 통하여 다양한 창의성과 자율성을 발휘하며 게임 속의 이야기를 만들어가도록 독려한다. 플레이어 자신이 주인공인 동시에 이야기의 주체가 되는 것이다. 비단 MMORPG 뿐만이 아니라, 가상의 스포츠 게임이든 어드벤쳐 게임이든 그 주인공은 플레이어가 되며, 게임 속에서 플레이어는 실재하는 가상인물이 된다.

　허미연·황상민·김지연(2005)은 논문 〈온라인게임에서의 재미경험의 심리적 분석 – 리니지2를 중심으로〉에서 온라인게임의 재미의 요인구조를 제1차적 재미, 제2차적 재미, 제3차적 재미로 분류하였다. 제1차적 재미요인으로는 온라인게임의 현실감, 게임의 조작 편리감을 들었고, 제2차적 재미요인으로는 플레이어가 느끼는 게임에서의 성취감을 들었다. 그리고 제3차적 재미요인으로는 온라인게임에서 다른 플레이어와의 커뮤니티 성격의 친밀감, 공동체감, 카타르시스적 재미를 들었다. 이러한 지적은 온라인게임 〈리니지2〉의 게임특성인 공성전을 바탕에 둔 재미 평가다. 게임플레이어의 입장에서 재미요인을 도출해 낸 의미 있는 분석이다.

허미연 외의 연구에서 주목해 보아야 할 것은 게임의 몰입 요인을 재미로 표현하여 온라인 게임플레이어의 게임 목적이 재미라고 접근한 것이다. 연구자들은 온라인게임의 특성, 게임플레이어의 게임전략, 그리고 게임에서 느끼는 게임플레이어의 감정을 재미요인으로 분류해 냈다. 즉 게임을 다른 매체와 구별 짓는 현실감 있는 그래픽과 게임과의 인터페이스라는 게임특성, 게임 상에서 주어지는 여러 가지 미션 및 아이템, 그리고 레벨 업을 위한 스킬 등 플레이어의 전략, 그리고 게임 진행 속에서 느끼는 게임플레이어의 감정이라는 세 가지 측면에서 접근해 본 재미요인 분석은 다른 연구물에 비하여 게임의 속성을 깊이 이해한 경험적 연구물임을 짐작케 한다. 비록 온라인게임의 주요 재미요소를 포괄한 연구물은 아니지만 게임 미디어의 특성과 게임콘텐츠의 특성, 그리고 게임플레이어의 감정을 특정한 분류 방법은 기존의 게임연구와 차별된다. 기존의 게임중독 연구에서 볼 수 없는 게임의 특성을 반영한 첫 연구 시도였다.

에르미 외(Ermi & Mayer, 2005)는 자신들의 논문 〈Fundamental component of the Gameplay Experience : Analyzing Immersion〉에서 게임의 몰입요소를 분류하여 SCI-Model(Sensory, Challenge, Imaginative-based Immersion Model)를 제시하였다. 감각적 몰입, 도전적 몰입, 상상적 몰입이 그것이다. 감각적 몰입으로는 게임의 시청각적 몰입 요인으로 그래픽, 사운드, 실재감, 게임의 몰입성 등 4개 요소를, 도전적 몰입으로는 전략적 사고 및 논리적 문제해결 그리고 운동 신경적 스킬과 연결된 몰입으로서 게임의 명확한 목표, 수준별 도전과제, 게임의 보상, 도전과제에 대한 심취, 게임에서 얻는 성취감, 불확실성, 게임시간의 무의식 등 7개 요소를, 상상적 몰입으로는 게임세계와 일체감, 캐릭터의 동질성, 게임세계의 몰입, 게임에 감정이입, 캐릭터의 현존감, 게임세계의 현존감, 게임의 서사구조 등 7개 요소를 제시하여 총28개의 몰입요소를 제시하고 있다.

에르미 등이 제시한 모델은 플레이어가 게임을 실행하면서 느끼는 감각적 요소, 도전적 요소, 상상적 요소를 게임이용 스키마로 나타내고 있다. 게임이 그래픽 같은 시각적 요소와 음향이라는 음악적 요소, 그리고 게임의 줄거리인 스토리와 주인공의 캐릭터가 겪는 문학적 서사 요소 등이 융합된 종합예술이라는 점에 착안하였다. 그 위에 게임플레이어가 게임을 하면서 심리적으로 경험하게 되는 몰입을 도입하고 있다. 심리학자 칙센트 미하이(Csikszentmihalyi, M)가 표현하였듯이 몰입은 게임에서 주어진 도전과 그 도전에 적합할 정도의 기술을 플레이어가 겸비하고 있어야 느끼는 최적 심리적 경험이라 할 수 있다. 플레이어는 게임에 몰입함으로써 게임이 주는 재미를 경험할 수 있다.

2016년 7월에 출시된 스마트폰게임 <포켓몬고, Pokemon Go>는 증강현실을 이용한 게임으로 현재까지 인기를 끌고 있다. 1996년에 선풍적인 인기를 끌었던 일본의 비디오게임시리즈 <포켓몬>은 한때 닌텐도 증후군이란 사회적 병명을 일으키는 주범으로 낙인 찍혀서 사회적 지탄 대상이 되기도 한 게임이다. 그럼에도 불구하고 다양한 몬스터에 심취된 청소년들에게는 지금까지도 인기가 있는 게임이다. <포켓몬고>는 휴대폰의 네비게이션과 나침반, 위치기반 등을 이용하여 인터넷으로 연결하여, 실제 현실 속에 나타난 가상의 몬스터를 플레이어가 포획하는 게임이다. 포획한 몬스터를 훈련시켜 다른 포켓몬과 대결하여 플레이어의 신분이 상승하는 경쟁시스템을 도입하여 성공을 거두고 있는 증강현실(AR)게임이다. 무엇보다도 실제 현실 속에 몬스터가 출현하여 플레이어가 사냥을 한다는 개념을 증강현실기술을 이용하여 증강현실게임이라는 새로운 게임 형태를 탄생시켰다. 1990년대 유행했던 가상 반려동물을 키우는 소형 게임기 <

다마고치>¹를 연상시키지만 전혀 다른 것은 현실세계에서 증강현실 기술로 구현된 몬스터를 사냥하고, 가상의 알을 모으고, 스마트폰을 들고 이동함으로써 몬스터를 부활시키고, 몬스터를 훈련시켜 가상의 경기장에서 다른 몬스터와 대결을 할 수도 있다는 점이다.

 포켓몬이라는 새로운 게임문화가 형성된 후 중국과 미국의 한 합작 연구팀은 <포켓몬고> 플레이어 262명(여자45%, 평균나이 30세)을 상대로 이 게임을 하게 된 동기를 조사했다. 설문조사 결과 7가지 동기로 분류하였다.

 육체활동(포켓몬을 잡으러 걷다보면 건강에 도움이 된다), 재미(귀여운 포켓몬은 사냥하는 것이 즐겁다), 현실도피(게임을 할 때는 모든 걱정을 잊을 수 있다), 향수(예전에 포켓몬 만화를 볼 때의 기억이 새삼 떠오른다), 우정(친구들과 함께 게임을 할 수 있어서 더욱 재미있다), 인맥(새로운 사람을 만날 수 있다), 성취감(더 나은 포켓몬을 얻는 것이 뿌듯하다)으로 나타났다. 물론 <포켓몬고>에 대한 여러 부정적인 의견 및 이탈적 행위 때문에 문제가 발생하고 있다는 의견을 강하게 내놓고 있는 학자들도 있다. 실제로 "포켓몬 사냥을 하느냐고 플레이어가 주위에 대한 위험을 감지 못하여 예기치 못한 사고로 부상을 당하고, 포켓몬이 나오는 장소에 사람들이 모여들어 사회적 대혼란을 야기하는 등의 부작용이 빈번하게 발생하고 있다"는 언론보도를 접하기도 한다. 그럼에도 불구하고 <포켓몬고>는 가상세계와 현실세계의 경계를 무너뜨린 최초의 게임이라는 것에 이의를 제기할 사람은 없다. <포켓몬고>를 즐기는 플레이어들은 게임에서 재미를 느끼고 있는 것만은 확실하다.

게임의 재미에 대한 정의는 게임개발자, 게임분석가, 게임디자이너 등 각자의 전문 영역에서 바라본 시각이라 견해 차이가 있을 수밖에 없다. 게임을 10년 넘게 연구한 제인 맥고니걸은 우리에게 동기를 부여하고 보람과 재미를 느끼게 하는 게임의 특징을 다음과 같이 정의하고 있다. "최근의 게임은 역사상 그 어느 때보다 형태, 플랫폼, 장르가 다양하다. 혼자서나 둘이서 혹은 여럿이서 게임을 즐길 수 있으며 그 기기들도 다양하다. 5초짜리 미니게임, 10분짜리 캐주얼 게임이 있는가 하면 8시간 분량의 액션 게임, 1년 365일 하루 24시간 끊임없이 돌아가는 롤플레잉 게임도 있다. 스토리 위주의 게임도 있고, 아예 스토리가 없는 게임도 있다. 점수가 있는 게임도 있고 없는 게임도 있다. 어떤 게임은 주로 두뇌를 자극하고 어떤 게임은 신체를 자극하며 두 가지를 조합하는 방식도 다양하다. 게임의 장르와 기술을 제외하면 모든 게임은 목표(goal), 규칙(rule), 피드백 시스템(feedback system), 자발적 참여(voluntary participation)라는 4가지 특징을 가지고 있다." 게임이라고 하면 상호작용, 점수, 스토리, 보상, 경쟁, 가상세계, 승리의 개념들을 떠 올리지만 이러한 요소들은 많은 게임의 공통점이기는 해도 사실상 본질적인 특징은 아니라고 한다. 이러한 요소들은 게임의 목표, 규칙, 피드백 시스템, 자발적 참여를 보강하고 강화하는 보조재 일 뿐이다.

결국 게임의 재미는 게임을 즐기는 플레이어에게 어떠한 즐거움을 주는 가에 달려 있다고 해야 할 것이다. 게임이야 말로 자기 목적형 오락 활동이다. 우리는 순전히 좋아서 게임을 한다. 게임은 외적 보상에 대한 욕망을 부채질하지 않는다. 게임은 내적 보상을 안겨준다. 게임은 정신적 격려와 휴식을 준다. 그것에 더하여 게임은 친밀한 사람뿐만 아니라 모르는 타인과도 연결과 동질감을 심어준다.

그러나 현대의 게임에서는 간과하지 말아야 할 것이 있다. 온라인게임의 경제적 문제다. 게임플레이어가 게임을 하다보면 결제금액이 점점 늘어난다. 처음 게임을 시작할 때는 무료지만 각종 아이템을 구입하다보면 금액은 점점 커진다. 과금형식에 따라서 많은 차이가 나지만, 대부분의 온라인게임은 월정액보다는 게임아이템 판매로 수익을 올리고 있기 때문이다. 게임의 재미를 이야기할 때 한번쯤 언급되어야 하는 것이 게임의 확률형 아이템 판매에 대한 논란이다. 국내의 게임들은 확률형 아이템 판매로 매출을 올리고 있다. 게임플레이어들은 아이템을 유·무료로 구입한다. 게임아이템 종류·효과·성능 등이 우연적 요소로 결정되기 때문에 확률형 아이템 판매 자체가 도박이라는 논란을 부추기기도 한다. 만약 게임플레이어가 게임아이템 구입을 도박하듯이 중독적으로 구입하는 습관이 배이면, 문제의 성질이 바뀔 수 있기 때문이다. 한번 아이템 구입의 늪에서 빠져나오지 못하면 몸과 마음은 감당할 수 없는 중독이란 수렁에 빠질 수 있기 때문이다. 도박중독자처럼 게임아이템 구입을 위하여 일상적 생활에서 문제를 발생시킬 수 있다.

실제로 2020년 게임 전문 유튜브 채널 "김성회의 G식백과"는 게임 이용자 총 9431명을 대상으로 실시한 확률형 아이템 관련 온라인 설문조사(2000년 4월 3-8일)를 실시했다. 그 결과 응답자의 53.5%가 확률형 아이템 판매는 법령에 따라서 일정한 제약아래 판매되어야 한다고 응답하였다. 확률형 아이템을 자율적 규제아래 판매해야 한다는 응답자는 35.5%였다. 법령의 제약에 따라 판매하여야 한다는 응답자가 자율적 규제 응답자보다 18%p나 높게 나타났다. 사업자가 아예 확률형 아이템을 판매하지 말아야 한다는 응답도 8.2%로 나타나 어떠한 제약 없이 판매해도 된다는 응답의 2.8%보다 4배나 되었다.

또한 설문에서 눈여겨보아야 할 부분은 게임 이용자의 42.7%가 확률형 아이템이 게임진행 간섭에 상당한 영향력을 미치고 있으며, 확률형 아이템을 구매하지 않으며 게임진행이 어렵거나 불가능에 가깝다고 응답했다. 현행 확률형 아이템과 강화 및 합성 등에 따른 문제점 개선 방안으로 확률형 아이템 가격에 일종의 한계를 만들어 무한 과금을 방지하는 것을 의미하는 천장 시스템 도입에 대한 의견이 주로 거론됐다. 그 밖에 지금보다 더 구체적이고 투명한 확률 공개와 상식선에서의 확률 설정, 확률형 아이템의 게임 간섭 최소화 등의 의견들도 있었다. 그만큼 확률형 아이템 판매에 대한 불만이 높았던 것을 알 수 있다.

　게임의 아이템 판매는 수입원의 발굴이라는 측면에서 고안된 점도 있지만, 게임을 단시간에 레벨 업 하거나 강화를 원하는 게임플레이어의 욕구와 부합된 측면도 있다. 아이템 판매 문제는 게임 산업의 건강한 발전과 건전한 게임문화의 정착을 위해서도 중요한 문제다. 그런 의미에서 게임업계의 대변인 역할을 하는 한국게임산업협회와 한국게임정책자율기구의 확률형 아이템 자율규제가 2015년부터 실시되고 있다. 한국게임산업협회는 2018년 1월부터 자율규제 미 준수 게임을 공개하기 시작했다. 같은 해 3월 문화체육관광부와 업무협약을 맺고 자율규제강화방안을 구체화했고, 7월에 건강한 게임문화조성을 위한 자율규제 강령을 마련하였다. 게임플랫폼에 관계없이 온라인이든 모바일이든 청소년이용불가 게임까지 모든 게임에 식별이 용이하도록 확률 정보를 표시하도록 하였다.

　실효성을 담보하기 위해서는 게임업계의 자율 규제를 감시하는 게임플레이어와 시민단체의 역할도 중요하다. 게임의 확률형 아이템 문제는 게임기업의 매출과 직결되고, 게임플레이어에게는 게임의 원활한 진행을 위하여도 중요한 문제이기에 쉽게 판단할 사항은 아니다. 민간의 자율규제정책에 대한 비판이 제기되고 있는 것은 국내게임의 경우는 대다수 규제정책에 따르고 있지만, 외국기업의 경우는 자율규제정책을 잘 준수하지 않고 있고, 규제정책을 위반해도 기업에 법적·행정적 불이익을 줄 권한이 없다보니 민간자율규제의 실효성에 회의적 시각이 있기 때문이다. 그래서 법적 규제의 목소리도 나오고 있다. 그렇다고 확률형 아이템 판매를 도박처럼 언급하는 것은 바람직하지 않다. 게임에서의 아이템은 게임 재미를 이끄는 원동력의 한부분이기 때문이다. 게임의 확률형 아이템 판매가 게임의 진행에 걸림돌이 되지 않는 합리적 해결책이 요구된다. 자칫 확률형 아이템 판매가 과거 사행성게임의 대명사였던 바다이야기사건과 같이 번질 수 있는 상황까지 이르지 않도록 게임업계는 제기된 문제점을 해결할 방안을 찾아야 할 것이다. 확률형 게임아이템 판매가 게임플레이어에게 심리적으로 어떤 영향을 미치는지에 대한 연구가 드물고, 사행성을 부추긴다는 논란이 커질 수 있기 때문이다. 확률형 게임아이템이 도박의 예타 기능과는 다르지만, 확률형 아이템 구입을 하지 않으면 게임 진행이 불가하거나 구입한 아이템이 확률적으로 거의 제로에 가깝다면 이는 사행성 논란에서 비껴갈 수 없다.

게임과 즐거움

게임의 재미를 이야기할 때마다 종종 즐거움(enjoyment)이란 단어를 떠 올린다. 게임을 하는 행위를 통하여 즐거움을 느끼기 때문이다. 즐거움은 게임에 플레이어가 몰입함으로써 얻게 되는 뇌에 전달되는 행복 물질 분비의 결과다. 즐거움을 이야기할 때 일반적으로 플레이어들이 게임에서 얻는 보상으로 도파민을 언급한다. 게임은 뇌의 보상 물질이라 부르는 도파민의 분비를 활성화한다. 플레이어는 게임속의 보상 물질들을 얻기 위하여 끊임없이 게임 속을 헤매며, 게임을 멈출 수가 없다.

안데르스는 자신의 책 《인스타브레인》에서 도파민을 다음과 같이 설명하고 있다. "도파민이 분비되지 않으면, 인간은 삶의 의욕을 잃어버린다. 도파민은 쾌락을 주는 분비물인 동시에 인간으로 하여금 새로운 도전을 하여 얻게 되는 보상을 추구하도록 동기를 부여하는 역할도 한다. 새로운 도전과 목표를 정하고 그것을 완성하기 위하여 끊임없이 노력하고 정진하게 하는 물질도 도파민이 있기 때문에 가능한 일이기 때문이다. 도파민 수치는 실질적으로 뇌의 도파민이 분비되는 것과 분비된 도파민과 결합할 수 있는 뇌세포 표면의 수용체가 얼마나 많은지를 뜻한다. 도파민 시스템의 활성화 정도는 삶이 계속 될수록 감소한다. 10년마다 대략 10%씩 줄어든다고 본다. 그렇다고 해서 해가 지날수록 불행해진다는 뜻은 아니다. 도파민이 활성화되는 시기는 10대로, 이때는 보상을 받으면 도파민이 급격하게 상승하고 실망하면 급격하게 감소한다. 10대 시절에는 상승과 하락의 폭이 아주 크며, 특히 살아 있다는 느낌과 강렬한 기쁨을 느낄 수 있다."

게임의 경우 청소년들이 주이용 층이고 보니, 절제력이 부족한 청소년들이 이러한 쾌락을 주는 게임에 쉽게 빠지고, 게임을 조절하지 못하여 일상생활의 부적응 현상이 발생한다. 절제력 조절 역할을 하는 전두엽이 아직 미발달한 청소년들의 경우는 게임에 한번 빠지면 게임이 주는 쾌락에서 벗어나지 못한다고 주장한다.

그러나 이러한 주장을 뒷받침할 실증을 찾기가 힘들다. 어느 수준의 도파민 분비를 게임플레이어의 중독 행위로 판단할 수 있는지에 대한 명확한 근거가 없다. 인간의 도파민 욕망회로를 깨우는 술, 마약, 담배 등은 쾌락을 제공한다. 이러한 물질들은 인간의 쾌락을 자극하여 일단 빠져들면 중독자들은 좀처럼 스스로 쾌락을 끊거나 쾌락의 환상에서 벗어나기가 힘들다. 그래서 이러한 쾌락 중독자의 치료를 위하여 약물 처방으로 욕망회로를 끊도록 도움을 준다. 게임의 경우도 인간의 욕망을 만족시키기 위하여 일부 쾌락적 요소를 게임 속에 내재시키기 때문에 플레이어는 게임에서 빠져 나오지 못하고, 게임이 주는 쾌락에서 빠져 나오지 못한다고 일부 학자들은 주장한다. 그들 주장대로 일부 게임과의존 플레이어의 경우 게임으로 인하여 일상생활의 지장이나 부적응 상황이 일시적으로 발생하는 것은 사실이다. 그러나 게임과의존 플레이어가 평생 게임의존 상태를 지속한다는 연구보고는 게임역사 50년을 뒤돌아보아도 실례가 없다. 일부 플레이어의 경우 게임이용의 조절 실패로 인하여 일상생활에 어려움을 겪기도 하고, 일탈적 행위가 지나쳐서 현실생활에서 문제를 일으키기도 하지만, 그 사례는 천차만별이어서 게임이 주원인이라고 단정할 수는 없다.

다시 안데르스의 주장으로 돌아가 보자. 그는 도파민의 가장 중요한 임무는 기분을 좋게 만드는 게 아니라 어디에 집중해야 할지 선택하게 만드는 것이며, 도파민은 바로 우리의 엔진이라고 한다. 뇌는 단지 새로운 정보만을 찾는 게 아니라 환경과 사건에서도 새로움을 원한다. 뇌에는 도파민을 생성하는 세포가 있는데, 이 세포들은 오로지 새로운 것에만 반응한다. 새로운 환경과 정보에 목말라하는 도파민 세포의 존재는 뇌가 새로운 것을 높게 평가한다는 것이다. 뇌는 예측불허를 사랑한다. 그 예로 든 것이 1930년대 쥐를 대상으로 지렛대를 누르면 음식이 나오는 실험이다. 쥐는 지렛대를 누를 때 음식이 나올 확률이 30~70%인 경우에 가장 절박하게 눌렀다. 20~30년 뒤에 원숭이들에게 벨 소리를 들려준 다음 착즙주스를 주는 실험을 진행했는데, 그 결과 원숭이들의 도파민 수준은 벨 소리만 들려도 높아졌으며 심지어 주스를 마셨을 때 보다 유의미하게 높았다고 한다. 이 연구는 도파민이 만족감을 주는 보상 물질이 아니라 무엇에 집중해야 하는지를 알려주는 물질이라는 것을 보여주는 사례라고 하였다. 이것은 인간에게도 마찬가지였다. 실험 참가자에게 카드를 주고 뽑게 했는데, 뽑은 카드에 따라 돈을 받을 수도 못 받을 수도 있었다. 그런데 카드와 상관없이 항상 돈을 받을 수 있을 때보다, 돈을 받을 수 있을지 없을지 불확실할 때 도파민 수치가 훨씬 더 높았다고 한다. 이것은 행동주의 심리학자 스키너가 조작적 조건 형성을 설명하는 강화이론과 일치한다. 강화이론은 보상은 주기적으로 주는 것보다 간헐적으로 보상이 주어질 때 효과가 크다는 것이다.

게임 행위는 플레이어에게 즐거움을 주지만 도박과 같이 쾌락을 추구하도록 유도하지는 않는다. 엄밀한 의미에서 도박과 같은 보상회로를 작동하더라도 근본적으로 다른 의미의 보상시스템을 작동하고 있다. 플레이어들은 게임 자체가 주는 재미에 홀려서 게임에 몰입한다.[2] 게임에 대한 몰입 상태는 음악을 작곡하거나, 스포츠를 즐기거나 할 때 우리들이 목적하는 도전정신이나 즐거운 행동의 자발적인 행동에서 나온 몰입 경험과 일치한다. 칙센트 미하이는 자신의 저서 《몰입(Flow)》에서 다음과 같이 설명하고 있다. "몰입은 삶이 고조되는 순간에 물이 흐르듯 행동이 자연스럽게 이루어지는 느낌을 표현하는 말이다. 그것은 운동선수가 말하는 물아일체의 상태, 신비주의자가 말하는 무아경, 화가와 음악가가 말하는 미적 황홀경에 다름 아니다. 운동선수, 신비주의자, 예술가는 각각 다른 활동을 하면서 몰입상태에 도달하지만, 그들이 그 순간의 경험을 묘사하는 방식은 놀라우리만큼 비슷하다. 그는 우리가 혼동하고 있는 두 가지의 몰입경향에 대하여 말하고 있는 데 바로 기쁨(pleasure)과 즐거움(enjoyment)의 차이를 모르고 있다는 것이다. 기쁨은 우리가 본래적으로 가지고 있는 욕망을 만족했을 때 온다. 기쁨은 섹스, 음식, 휴식과 같은 인간의 삶에 중요한 요소들을 만족했을 때 온다. 반면에 즐거움은 발전 혹은 성장을 유도하는 경험이다. 이것은 어떤 기술을 익히거나, 음악을 연주하거나 재미나는 게임을 하였을 때 느끼는 감정이다. 즐거움은 바로 창조적인 사람들이 끊임없이 무언가를 추구하게 하는 원동력이며 학생들을 배움으로 이끄는 원동력이 즐거움이다, 즐거움은 아주 쉽게 달성되지 않는 도전에 직면했을 때 사람들이 자신의 기술을 이용하여 몰두하는 상태에서 일어날 수 있는 것이며, 사람들의 능력을 새로운 단계로 끌어 올리는 원동력이다."

그는 몰입을 개념화하면서 몰입경험을 최적의 경험상태(state of optimal experience)라고 기술하면서 최적의 몰입상태를 느끼기 위한 제일 중요한 전제조건은 도전(challenge)과 기술(skill)이라고 주장하면서 도전과 기술이 일정수준에서 균형을 이룰 때 몰입은 발생한다고 한다. 이는 라프 코스터가 이야기 했던 게임의 재미를 위해서는 게임 자체 내에 도전과제와 그 도전과제를 풀 수 있는 플레이어의 기술이 필요함을 이야기한 것과 일맥상통한다.

명상가, 체스 선수, 공장 근로자, 발레리나 등 저마다 활동에는 엄청난 차이가 있지만, 그들이 만족을 느끼는 심리적 요소는 매우 비슷하다. 즉 전문 기술을 필요로 하는 도전적인 일이고, 정신을 집중하고, 뚜렷한 목적이 있고, 즉각적인 피드백이 있고, 쉽사리 몰입하고, 주체적으로 행하며, 자의식이 사라지고, 시간가는 줄 모른다. 즐거움은 종종 실제의 삶과는 거리가 있는 게임, 스포츠, 기타 레저 활동에서 발생한다. 체스에서 지거나 취미생활에서 서투르다고 실망할 필요는 없다. 게임이나 스포츠에서 자신이 통제력을 발휘할 때에는 그 결과에 연연하지 않는다. 지든 이기든 예측할 수 없는 결과에 대하여 불안해하지 않는다. 결과의 성공 여부가 불확실하고 자신이 그러한 결과에 영향을 줄 수 있을 때에만 진정 본인이 통제력을 발휘할 수 있는지 여부를 알 수 있다. 다만 한 가지 유형의 활동은 예외처럼 보인다. 바로 도박이다. 도박은 즐겁다. 그러나 분명히 도박은 개인적 능력에 의해 영향을 받지 않는 무작위의 결과에 기초한다. 룰렛 기계의 회전이나 블랙잭에서의 카드는 참가자에 의해서 통제 될 수 없다. 도박의 경우는 통제감과 즐거움과는 무관한 것 같다.

그 예가 2006년 대한민국에서 발생했던 바다이야기 사건을 들수 있다. 오락실에 설치된 바다이야기 아류의 게임프로그램을 통하여 플레이어들은 게임 결과에 따라서 돈으로 환전이 가능한 코인을 확보할 수 있었다. 그 결과 바다이야기 아류의 게임 프로그램이 유행을 타면서 오락실은 바다이야기 아류의 게임 프로그램을 하려는 사람들로 붐벼 오락실이 사행산업의 근거지가 되었다. 바다이야기 프로그램에 중독되어 금전적 손해를 보는 개인이 증가하였다. 바다이야기 프로그램의 승률 조작 문제는 사회적 문제로 번져 나갔다. 바다이야기 아류의 사행성 게임의 범람으로 오락실 매출 규모는 2005년 국내 총생산의 2.7-7.9% 수준인 21조 6000억-64조원에 이르렀다. 바다이야기 아류의 게임 프로그램이 몰고 온 사회적 파장은 상상을 초월했다. 바다이야기 아류의 게임프로그램은 엄밀한 의미에서 우리가 통상적으로 말하는 게임(gaming)이 아니다. 바다이야기 프로그램은 게임이 아니라 도박(gambling)이다. 여론이 게임이라는 프레임에 바다이야기 프로그램을 끼워 넣어서 비난에 가세함으로써 일반인들은 바다이야기 프로그램에 대하여 게임이라는 선입견을 갖게 된 것이다. 게임과 도박을 혼동한데서 발생한 큼직한 사회적 사건이었다. 바다이야기 아류 프로그램의 문제점은 게임 이용자가 게임을 통제할 수 없는 구조이며, 행운에 의존하는 도박성 프로그램이었다. 개인이 통제할 수 없는 무작위 결과에 희비가 엇갈리고, 행운이 따라준 결과에 따라서 현금화가 가능한 도박이었다. 바다이야기 아류의 프로그램은 개인에게 치명적인 도박중독을 가져온 정신적 쾌락의 원인 제공자였다. 칙센트미하이가 말한 대표적 즐거움 경험의 부정적 사례인 것이다.

게임의 경우는 도박과 다르다. 플레이어가 게임을 통제하지 못하면, 목표하는 미션을 성취할 수 없다. 플레이어는 게임에 적응하고, 게임에 익숙할 때까지는 즐거움을 느끼지 못한다. 플레이어는 게임에서 주어진 새로운 도전과제를 해결하기 위하여 일정 수준의 기술이 필요함을 알고 있다. 그 도전과제의 성공 여부를 플레이어는 알 수 없다. 게임 속에서 얻는 경험과 기술 등을 사용하여 레벨 업을 하고, 자신에게 주어진 특정한 미션을 달성하고자 고군분투할 뿐이다. 간혹 게임 속에서 주어지는 이벤트 등을 통하여 기대하지 않은 행운을 잡기도 하지만, 그 행운은 단지 행운일 뿐이다. 플레이어가 게임을 통제하고, 주도하는 데 행운이 결정적인 역할을 하는 것이 아님을 플레이어는 알고 있다. 플레이어는 미션을 성공시키지 못했을 때도 다시 시작하면 된다는 것을 직감하고 있다.

즐거운 활동이 정도를 넘어서면 의존이라는 현상에서 자유로울 수 없다. 그래서 게임 행위는 자율적이되, 스스로 조절할 수 있는 자신의 의지가 필요하고, 스스로 조절이 어려우면 외부의 조력자의 도움이 필요하다. 게임이 네트워크 힘에 의하여 새로운 환경을 조성할 수 있는 것은 게임만이 갖고 있는 특별함이다. 게임을 통하여 플레이어간에 소통하고, 게임을 통하여 동질감을 느끼며 서로 간에 연결되어 있음을 느끼는 것은 게임만이 갖고 있는 장점이면서 특권이다.

게임이 사회적 위기를 극복하고, 창조적 힘을 발휘하여 최적의 몰입상태를 이끈 사례가 COVID-19 팬데믹 환경에서 게임업계와 WHO가 합심하여 펼친 사회적 거리두기 캠페인이 좋은 본보기다. 세계보건기구(WHO)는 2020년 4월 게임 플레이를 통해 코로나19 확산을 막는 사회적 거리두기를 실천한다는 내용을 담은 플레이어파트투게더(#PlayApartTogether) 캠페인을 시작했다. 캠페인에는 액티비전 블리자드, 라이엇게임즈, 트위치, 유니티 등 유명 글로벌 게임 업체가 참여했다. 캠페인 참여 기업은 게임 내 행사나 소셜미디어를 활용해 사회적 거리두기 등을 안내했다. 참가 게임사 들은 게임 내 특별 이벤트로 모범 행동을 할 수 있도록 게임 내에서 보상을 제공하고, 자사 소셜미디어를 통해 캠페인 홍보도 병행했다. 또 거리 두기, 손 씻기, 호흡기 예절 등 사람들이 취할 수 있는 예방 조치를 지속해서 알렸다.

로버트 코틱(Robert A. Kotick) 액티비전 블리자드 대표는 "안전하게 연결되는 것은 중요한 일"이라면서 "게임은 기쁨, 목적, 의미를 통해 사람들을 연결하는 데 완벽한 플랫폼"이라고 말했다. 니콜로 로랑(Nicolo Laurent) 라이엇게임즈 대표도 "현실의 거리를 두는 것이 사회적 고립을 의미해서는 안 된다"면서 "이제 전 세계 수십억명의 플레이어들은 게임을 즐김으로써 생명을 구할 수 있다. 모두 함께 코로나19 전투에서 이겨내자"고 용기를 북돋웠다. 나이언틱은 자사 위치 기반 증강현실(AR) 게임을 실내에서 즐길 수 있도록 하는 기능을 업데이트 하였다. 야외 활동을 독려하도록 설계된 <포켓몬고>는 실내 걸음 추적 기능을 도입해 집에서도 포켓몬을 수집할 수 있도록 하는 기능을 추가했다.

이러한 현상은 COVID-19가 몰고 온 일시적 현상이라고 돌릴 사항은 아니다. COVID-19가 극복되더라도 게임은 전 세계인의 오락으로서 자리매김을 할 것이 확실하다. 게임은 지구촌 누구와도 즐기고, 공유할 수 있는 오락으로 자리매김하고 있다는 것을 보여주는 좋은 사례다.

세계에서 가장 많이 팔린 비디오 게임 <마인크래프트>는 최근 그 안에 수상한 도서관을 마련하였다. 바로 국경 없는 기자회가 만든 "검열 없는 도서관(Uncensored Library)"이다. 이 도서관 안에는 약 200권의 책이 전시되어 있는데, 모두 세계 각국에서 검열당해

더 이상 볼 수 없는 것들이다. 그리고 그 기사를 쓴 기자 중에는 투옥 당하거나 나라에서 추방되고, 심지어는 살해당한 기자도 있다. 국경 없는 기자회는 세계 언론의 자유를 위해 검열당한 기사를 모아서 도서관을 만들었다고 한다. 특히 <마인크래프트>는 이렇게 기사를 검열한 나라에서도 플레이할 수 있어서, 누구나 언제든지 검열당한 기사를 볼 수 있다. 게임으로 외치는 언론의 자유를 실현하고 있다.

이러한 게임 환경은 현실에서 도피하고자 플레이하는 게임과 정반대로 현실을 더욱 알차게 살고자 플레이하는 대체 현실게임의 모습을 보여주고 있다. 대체 현실게임은 우리가 가상 환경에 머물 수 없거나 그것을 원하지 않는 상황에서 더 만족스러운 일, 성공에 대한 더 큰 희망, 더 강한 사회적 연결성, 더 많은 의미와 같은 내적 보상을 좀 더 쉽게 얻을 수 있도록 디자인된 게임이다. 기존의 게임이 주는 보상 자체를 줄이는 것이 아니라, 그 보상을 현실생활에서 더 쉽게 누릴 수 있게 하는 게임이다. 대체 현실게임은 우리를 더 나은 사람으로 발전시키고자 한다. 행복과 창의성과 정서적 건강을 증진하고자 디자인된다. 더 행복하고 창의적이고 정서적으로 건강한 사람이 되면 현실세계에 더욱 마음을 열고 열중 할 수 있다. 대체 현실게임은 비행, 공교육, 건강관리, 집안일, 운동, 사회생활 등 모든 영역에서 현실 경험이 재창조되는 것에 일조를 할 것이다. 게임은 이제 현실을 도피하는 오락으로서가 아니라 오히려 게임을 통하여 새로운 즐거움을 찾고, 그 속에서 다양한 사람들과 협업하고, 새로운 것을 창조하는 공간으로 발전해가고 있다.

게임과 집중력

안데르스 한센(Anders Hansen)은 《인스타브레인》에서 장기기억에 대하여 이야기한다. 우리는 무엇을 배울 때, 새로운 기억을 만들려면 뇌세포 간의 연결고리가 바뀌어야 한다. 잠시만 기억하면 되는 단기기억을 위해서는 뇌가 여러 뇌세포 간에 이미 존재하는 연결고리를 강화하면 된다. 그에 비해 평생 기억하는 장기기억을 위해서는 뇌가 뇌세포 사이에 전혀 다른 연결고리를 만들어야 한다. 오랫동안 지속할 수 있도록 만들려면 새로운 단백질로 연결고리를 만들어야 하는데, 단백질만으로는 부족하다. 뇌는 새롭게 만들어진 연결고리를 통해 신호를 여러 차례 보내어 이를 더욱 강화해야 한다. 그래야 기억을 오랫동안 유지할 수 있다. 이 과정에서 뇌는 많은 에너지를 소비한다. 강화(consolidation)라고 하는 새로운 장기기억 형성은 뇌의 활동 중에서 가장 많은 에너지를 소모하는 과정이다. 강화를 위해서는 뭔가에 집중하면서 뇌에게 '이게 중요해'라고 에너지를 쏟을 가치가 있음을 말하는 것이다. 다음 단계는 작업 기억에 정보를 담아두는 것이다. 이렇게 해야 뇌는 강화를 통해 장기기억으로 저장할 수 있다.

일반적으로 인스타그램, 트위터, 페이스북 등 많은 SNS를 이용하면서 우리는 많은 시간을 소비하고, 일상생활에서 집중력을 빼앗기고 있다. 일명 스크린 타임이라 일컫는 소비 시간을 우려한다. 그래서 스마트폰의 의존 현상에 대한 우려를 나타내고 있고 많은 연구물 들이 이를 입증하고 있다. 스마트폰에서 서비스되는 많은 앱 서비스들이 청소년 및 성인뿐만 아니라 유아에게도 일상생활에 지장을 초래한다. 현대인들에게 스마트폰은 생활의 일부분이 되어 버렸다. 스마트폰이 없는 세상은 특히 밀레니얼 세대를 넘어 Z세대에게는 끔찍한 세상일 수밖에 없다. 현대인들은 많은 곳에 집중력을 빼앗기고 있다. 스마트폰이 서비스되기 전에는 게임이 청소년의 집중력을 방해하여 학교생활에 많은 지장을 초래한다는 학자의 연구들이 있었다. 인터넷이 생활 속으로 침투해 들어오면서, 청소년들이 접하는 서비스가 주로 게임이었기 때문이다. 그러나 스마트폰의 등장으로 청소년들이 즐길 수 있는 스마트폰 앱 종류가 다양화됨으로써 게임의존만을 집중력 감소 원인으로 특정하기 어려워졌다.

　　스마트폰 앱이 이용자의 집중력을 저하시킨다는 일부 학자들의 주장에도 불구하고, 게임을 집중력 방해의 주요 원인이라고 지목하는 것이 일반적 인식이었다. 게임에 대한 부정적인 인식이 사회에 많이 확산되어 있어 인터넷의 다른 서비스에 대한 부정적 인식 자체는 사회적 관심 밖에 놓여 있었다. 미국의 학자 브라이언과 피터(Brian D.NG and PETER WIEMER-HASTINGS)는 〈인터넷중독과 온라인게임 중독(Addiction to the Internet and Online Gaming)〉이라는 논문에서 미국의 MMORPG 플레이어들은 그들이 즐기고 있는 MMORPG를 이용 할 수 없는 환경에 맞닥치더라도, 게임플레이어들은 현실에서의 파티 행사나 친구들의 모임에 참석하기 보다는 이메일, 채팅사이트, 블로그 등 사회관계형 인터넷서비스를 더 선호하고, 이용할 것이라고 응답했다고 한다. 이러한 결과는 인터넷을 통한 웹서비스 시대에도 게임플레이어가 게임만 이용하는 것이 아니라, 웹에서 제공하는 다양한 서비스에 익숙해져 있어서 집중력 저하를 초래하는 원인이 게임만의 문제가 아님을 증명하였다. 나아가 스마트폰이 일상화된 현 시대에는 스크린 타임의 많은 시간 소비로 인한 집중력 저하 원인을 게임 탓으로만 돌릴 수 없게 되었다. 그보다는 현대인들의 집중력 저하의 원인은 스마트폰 및 다양한 디지털 미디어에서 제공하는 다양한 종류의 웹 및 앱 서비스의 영향 때문일 것이다.

현재 다양한 분야에서 게임을 활용하여 집중력 향상을 위한 실험들이 시도되고 있다. 그 한 예로 우리는 컴퓨터게임을 통해 공간 지각 능력을 강화하고 문제 해결 능력을 훈련할 수 있다.

리처드 하이머 미국 캘리포니아주립대학교 박사는 테트리스게임을 하면 두뇌효율이 높아진다는 연구결과를 발표했다. "테트리스가 두뇌 효율성에 미치는 영향에 대한 실험"을 진행한 결과 테트리스를 한 플레이어들은 두뇌피질과 회백질이 두꺼워져 뇌 효율이 향상되었다는 것이다. 테트리스를 플레이한 실험집단과 테트리스를 하지 않은 집단을 대상으로 실험한 후 구조적 자기공명영상장치(Structural MRI)와 기능적 자기공명영상장치(Functional MRI)[3]로 촬영하여 테트리스를 한 실험군에 속한 소녀들의 뇌를 관찰한 결과, 비판적 사고, 추리력, 언어처리 능력을 관장하는 두뇌 영역의 효율성이 높아졌다. 주의력을 관장하는 전두엽이 활성화 되었다는 것을 입증한 것이다. 미래학자 다니엘 핑크는 자신의 저서 《새로운 미래가 온다》에서 "게임을 하는 사람이 게임을 하지 않는 사람들에 비하여 시각 능력이 30%가 높고, 의사의 경우 1주일에 3시간 게임을 하는 의사들은 복강경 수술시 37%정도가 실수를 줄였으며, 수술 속도가 27% 정도 빨랐다"고 말한다.

2015년 영국 의학연구위원회 인지뇌과학분과의 에밀이 홈스 박사 연구진은 실험지원자 12명을 대상으로 교통사고 장면 등 스트레스를 유발하는 영상을 보여줬다. 이어 교통사고 장면이 실험자의 머리에 장기기억으로 저장되도록 하루의 시간을 주었다. 그 다음에 지원자 중 절반은 테트리스 게임을 12분간 하도록 했다. 나머지 절반은 아무것도 안하고 그냥 앉아 있게 했다. 일주일 뒤 검사에서 테트리스 게임을 한 사람들은 사고 영상에 대해 기억하는 내용이 다른 사람보다 51% 적은 것으로 나타났다. 테트리스 게임이 나쁜 기억을 막는 일종의 인지적 붕괴선 역할을 하였다는 것이다. 뇌가 게임에 필요한 시각 정보를 처리하느라 나쁜 기억과 관련된 시각 정보를 제대로 처리하지 못한 것이다. 이는 테트리스 같은 게임이 사고 후 나쁜 기억에 시달리는 외상후스트레스(PTSD, post-traumatic stress disorder)를 막아줄 수 있다는 것을 보여준 사례이다. 2014년 독일 베를린의 막스 플랑크 인간 발달 연구소의 연구 결과에서도 비디오게임을 꾸준히 플레이하는 사람에서는 두뇌 회백질의 체적 증가가 관찰되었다. 성인에게 <슈퍼 마리오 64>를 하루 30분씩 8주간 플레이시킨 결과, 플레이하지 않은 대조군에 비해 우측 해마, 배측면 전두전엽, 소뇌에서 회백질이 증가하는 것을 입증하였다고 한다. 2017년 캐나다 몬트리올 대학교에서도 게임을 이용하여 뇌 구조의 변화를 확인하였다. FPS게임(1인칭 슈팅게임)에서는 지능의 향상이나 저하가 나뉘어졌지만, 3인칭 게임인 <슈퍼 마리오 64>에서는 모든 실험 대상의 지능이 향상됐다고 한다.

2020년 세계 최대 가전IT 전시회인 "CES(Consumer Electronics Show)2020"에서 디지털 치료제가 핵심 키워드로 선정되었다. 디지털치료(Digital therapeutics)는 애플리케이션(앱), 게임, 가상현실(VR) 등 소프트웨어로 질병을 치료하는 것을 말한다.[4] 디지털 치료는 기존 의약품으로 치료하는 데 한계가 있는 분야를 공략한다. 선두기업인 알킬리 인터랙티브 랩(Akili Interactive)은 아동 주의력 결핍장애(ADHD)를 치료하는 태블릿PC게임 <인데보 알엑스(EVO)>게임을 개발하였다. <인데보 알엑스>는 소아정신과 영역의 치료 게임으로서 미국 FDA의 승인을 받았다. FDA는 "600명이 넘는 어린이(8-12세)를 대상으로 진행된 여러 실험을 검토하였고, 그 결과 감각과 동작을 유도하는 특징이 사용자 인지 기능을 증진하는 데 도움이 된다는 판단을 내렸다"고 승인 이유를 설명했다. 참여 어린이들은 <인데보 알엑스>를 매일 25분 동안 매주 5일씩 4주를 플레이하였다.

그 결과 30%의 참여자가 주의력 검사, 학업수행 측정 등에서 하나 이상의 개선을 보였고, 심각한 부작용은 나타나지 않았다. 사후 검사에서도 효과의 지속 기간도 최대 1개월 가량 지속되었다. 디지털 치료라는 개념이 약물 중심의 임상적 치료에 한발 진보하여 디지털 치료라는 새로운 개념을 이용한 의학적 치료제가 가능함을 입증했다. 개발사 측은 <인데보 알엑스>가 심리치료 및 약물치료를 대체하는 치료제가 아니라, 다른 치료들과 병행하기를 권장한다. 기존 ADHD치료법(standard care)과 같은 단독요법보다는 병행요법을 권장한 것이다. 앞으로 디지털치료제는 정신건강 분야인 ADHD, 우울증, 불면증, PTSD 등은 물론이고 알코올 중독, 암, 뇌심혈관 등의 분야에서도 연구 개발을 통하여 성과를 낼 것이라는 전망이 나오는 이유다. 지금까지 게임은 단순한 오락용이며, 중독 행위 유발의 산업으로 취급받던 게임이 의학적 치료제라는 새로운 영역에 한발 다가선 것은 게임의 긍정적 가능성을 확인시켜준 사례다.

스튜어드 브라운과 크리스토퍼 본(Stuart Brown & Christpher

Vaughan)은 자신들의 저서 《즐거움의 발견, 플레이》에서 인간의 신체활동은 14세기와 20세기 말과 비교해보면 여성은 24%, 남성은 30% 감소했다고 한다. 앞선 인류 역사상 이렇게 빠른 속도로 감소한 적이 거의 없었다고 한다. 우리 선조들은 매일 14,000 – 18,000 걸음을 걸은 것으로 보이는데, 오늘날 우리는 하루에 거의 5,000걸음을 걷지 않는다. 이 수치도 10년마다 감소하고 있다고 한다. 스크린과 게임이 만들어내는 감정적인 자극은 일상생활 속에서 신체활동을 통해 중화되고 있고, 신체활동을 하지 않는 아이들은 안절부절 못하거나 집중력이 떨어지는 증상을 보일 수 있다고 하였다. 그러나 스크린에 격렬한 신체 활동을 결합시킨 닌텐도의 WII 같은 비디오게임은 이러한 공식에 흥미로운 변화를 일으킨다. 이런 종류의 게임은 줄곧 앉아서 하는 게임보다 훨씬 건강에 이로울 수 있다. 일본의 닌텐도사가 개발한 WII게임기가 선풍적인 인기를 끌고 게임시장에서 닌텐도게임의 부흥기를 맞이하고 있는 것도 이러한 영향 덕분일 것이다.

나이언틱이 서비스하는 <포켓몬고>도 증강현실을 이용하여 현실공간에 게임의 재미를 덧 붙여 서비스함으로써 게임 플레이어의 신체적 활동을 넓혀주는 게임으로 자리 매김하였다. <포켓몬고>를 둘러싼 논란은 앞에서 언급했듯이 "게임이 신체적 활동을 넓혀 주고 있느냐 아니면 플레이어들의 행동으로 인하여 현실세계에서 크고 작은 사건과 일탈들이 이어지고 있느냐"는 논쟁은 아직도 진행 중이다. 그럼에도 불구하고 <포켓몬고>를 이용하여 움츠려 들었던 플레이어들이 밖으로 나와 현실세계에서 가상의 동물들을 포획하고, 경쟁하고 포획한 동물들을 훈련시켜 자신의 캐릭터를 성장 육성시키는 행위는 다른 게임에서는 느낄 수 없는 새로운 경험을 제공하고 있는 것만은 확실하다.

2014년 페이스북이 오큘러스VR을 20억 달러에 인수하면서 증강현실에 대한 관심은 높아졌다. 페이스북의 대표이사 저커버그가 이야기 했듯이 증강현실이 앞으로 인류에게 어떤 서비스를 제공하고, 재미를 부여할지는 알 수 없다. 기술 발전은 예측하기 힘들다. 하지만 하나 뚜렷이 보이는 것은 증강현실이 게임뿐만 아니라 교육, 의료계 등에서 증강현실 기술이 응용되어 새로운 변혁을 몰고 올 것이라는 것은 부인할 수 없는 사실이다.

요즘 우리의 교육 현장에서 많이 관심을 받고 있는 메이커운동[5]도 일종의 게임이라는 놀이의 한 형태를 흉내 내어 집중력을 강화하여 몰입을 높이는 학습의 형태라 볼 수 있다. 메이커운동도 실제 만든다는 행위를 통하여 "학습에 대한 흥미와 재미를 느껴 창의성과 자율성을 높여준다"는 원리에서 출발했다. 게임 저작도구 유니티를 이용하여 게임을 개발해보는 경험은 청소년들의 코딩 연습에 많은 도움을 준다. 게임이 일정한 규칙과 더불어 자율성이 보장된 오락이듯이 메이커운동도 가상공간뿐만 아니라, 현실공간에서의 행위를 통하여 실천하고 있는 새로운 교육 방법이다. 가상공간의 체험이나 현실공간의 체험 행위는 일맥상통한다. 게임의 미래에 대하여 많은 연구를 진행한 제인 맥고니걸은 게임 플레이어가 가장 잘 할 수 있는 능력은 협업이라는 것을 밝혀냈다. 협업은 특별한 공동작업 방식이다. 세가지 방면에서 협력이 필요한데 바로 협력(cooperation, 뚜렷한 공동 목표를 위해 나아가는 것), 합의(coordinating, 함께 움직이고 자원을 공유하는 것), 합작(cocreating, 함께 참신한 결과를 내는 것)이 그것이다. 제인 맥고니걸의 주장은 게임 플레이어가 게임을 통하여 습득된 집중력을 사회적 문제 해결의 밑바탕이 될 수 있음을 시사한다.

덧붙여

1. 다마고치(일본어: たまごっち)는 일본어 단어 '다마고(たまご, 달걀)'와 영어 단어 '워치(watch, 시계)'의 합성어로 1996년 일본의 주부 아키 마이타가 개발한 이후 게임회사 반다이가 아이디어를 사서 시장에 내놓은 휴대용 디지털 애완동물이다. 다마고치는 작고 간단한 달걀 모양의 컴퓨터 안에 살며, 플레이어는 세 개의 버튼을 이용해 다마고치와 다양한 방법으로 놀아줄 수 있다. 다마고치에게 음식 먹이기, 다마고치와 놀기, 배설물 치워주기 및 목욕 시키기, 나이, 질병 감염 여부, 포만도, 몸무게, 친밀도나 행복도 등을 확인할 수 있다. 다마고치는 출시 이후 전 세계적으로 폭발적인 인기를 얻었다. 미국 뉴욕에서는 1997년 5월 단 3일 만에 3만 개라는 놀라운 판매량을 기록하기도 했다. 다마고치는 이후 게임보이, 닌텐도 DS, 위, 닌텐도 3DS용 게임 소프트웨어로도 개발되었다. 2019-2020년사이에 일본어 판 최신 버전 <다마고치 스위츠>가 나왔으며, 한국 버전은 <다마고치 썸>이다. 위키피디아 인용

2. 몰입은 Immersion과 flow로 불리어진다. Immersion은 문학 텍스트나 가상현실을 접하는 과정에서 지각·심리적 인식이 외부 세계와 거의 완전히 차단된 상태로 텍스트에 참여하는 상태를 뜻하는 용어다. 몰입은 기술적 장치에 의한 지각적 몰입과 기술 장치 없이 이용자 스스로 자발적으로 갖게 되는 심리적 몰입으로 나뉘는데 몰입이 최고조에 달하는 것은 이 두 형태가 결합될 때이다. 독서는 가장 대표적으로

심리적 몰입에만 그 효과를 주로 의존한다. 심리적인 몰입은 사용자의 자발적인 참여 태도라고 말할 수 있다. Fiction에 대한 독자의 자발적이고, 심리적인 몰입에 대한 가장 대표적인 언술은 콜러리지(Samuel Taylor Coleridge)의 불신에 대한 자발적 중지(willing suspension of disbelief)일 것이다.

보드리야르(J. Baudrillard)의 용어인 원본과 복사물의 구별 자체가 소멸해버린 상태를 뜻하는 시뮬라시옹(simulation)이나 현실보다 더욱 현실적인 것, 즉 과잉현실을 뜻하는 하이퍼리얼리티(hyperreality)가 구현된 것이 디지털 매체에 의해 창조된 가상현실이다. 문학 텍스트에 대한 독자의 몰입이 심리적 자발성에 의존하는 것에 반해 가상현실에서의 몰입은 심리적일 뿐 아니라 동시에 지각적이라는 점에서 서로 다르다. 문학비평용어사전, 2006. 1. 30., 한국문학평론가협회

상담학에서는 몰입은 plunge라고 하여 치료기법으로 쓰인다. 내담자가 트랜스 상태에 있을 때 그 능력을 이용하여 하나의 특정한 감각에 최대한 집중할 수 있도록 하는 최면기법을 말한다. 모든 사람은 초점주의력과 주변주의력이 상호작용하는 범주에서 오가는 능력이 있는데 주변주의력을 제한하고 초점주의력에 집중함으로써 나타나는 것이다. 즉, 하나의 특정한 감각에 최대한 집중한다는 것은 주의력의 일부를 차지하는 신체적·환경적 지각의 일상적 혼합과는 관계를 끊고 최대한 초점주의력으로 이동하는 것이다. 팔이 공중에 떠오르거나 가벼워지기도 하고 사지가 무거워지는 형태로 나타나기도 한다. 이는 대충 훑어보는 의식에서 자신이 가진 최대한의 트랜스 능력으로 이행함으로써 나타나는데,

내담자가 지닌 최대한의 능력에 집중하도록 유도하는 기법의 특징이 기도 하다. 상담학사전, 2016.01.15., 김춘경, 이수연, 이윤주, 정종진, 최웅용.

3. 구조적 뇌영상촬영기법(MRI)는 뇌의 수소 분자의 밀도 차이를 이용해 두뇌의 입체적 영상을 사실적으로 촬영하는 기법이다. 기능적 뇌영상촬영기법(fMRI)은 시간에 따른 뇌 활동의 변화를 입체적으로 촬영하는 것을 말한다. fMRI는 우리 두뇌의 묘한 부조화를 이용한다. 자기장의 속성을 고도의 방법으로 잘 이용해서 찍는 기법이다. 산소와 결합한 헤모글로빈이 이산화탄소와 결합한 헤모글로빈과 농도 차이가 생기면, MRI에 반영되는 신호의 강도에 차이가 생긴다. 활동이 활발한 뇌조직 주변을 지나는 모세혈관에 일시적으로 산소가 과잉 공급되는 순간을 포착하면 뇌의 어느 부위가 지금 활동이 활발한지 알 수 있다. 그러한 시간적 경과에 따른 뇌 활동을 컴퓨터가 처리하여 입체영상으로 보여주는 기법이다. pp.208-209, 김재익, 의식 뇌의 마지막 신비, 2010, 한길사.

4. DTx Alliance에서는 DTx를 다음과 같이 정의하고 있다 "DTx란 의학적 이상 또는 질병을 예방, 관리 혹은 치료하기 위해서 고품질의 소프트웨어 프로그램을 통해 근거 기반의 치료적 개입을 제공하는 것(evidence-based therapeutic interventions driven by high quality software program to prevent manage, or treat a medical disorder or disease)"

디지털치료제는 게임적인 기능을 이용하여 치료개선 효과가 있거나 치료활동에 도움이 되는 '디지털서비스'와 독립적인 치료효과가 없어 단독으로 사용할 수 없어 기존 치료제와 병행하여 치료효과의 향상을 지원하는 '보완디지털제', 기존 치료제를 대체해서 직접적인 치료효과가 있거나 기존 치료제와 병행사용하면 치료효과를 향상시키는 '대체 디지털 치료제'로 구별한다.

5. 메이커 운동(Maker Movement)은 오픈소스 제조업 운동이다. 미국 최대 IT출판사 오라일리 공동 창업자였던 데일 도허티가 만든 말이다. 그는 메이커 운동이 일어나는 모습을 보고 2005년 DIY잡지《Maker》를 펴냈다. 그는 메이커운동이 스스로 필요한 것을 만드는 법을 공유하고 발전시키는 흐름을 통칭하는 말이라고 풀이했다.

3장. 게임도 스포츠다

"만약 매일 매일이 휴일과 같다면 노는 것도 일하는 것만큼이나 지루할 것이다."
– 윌리엄 셰익스피어

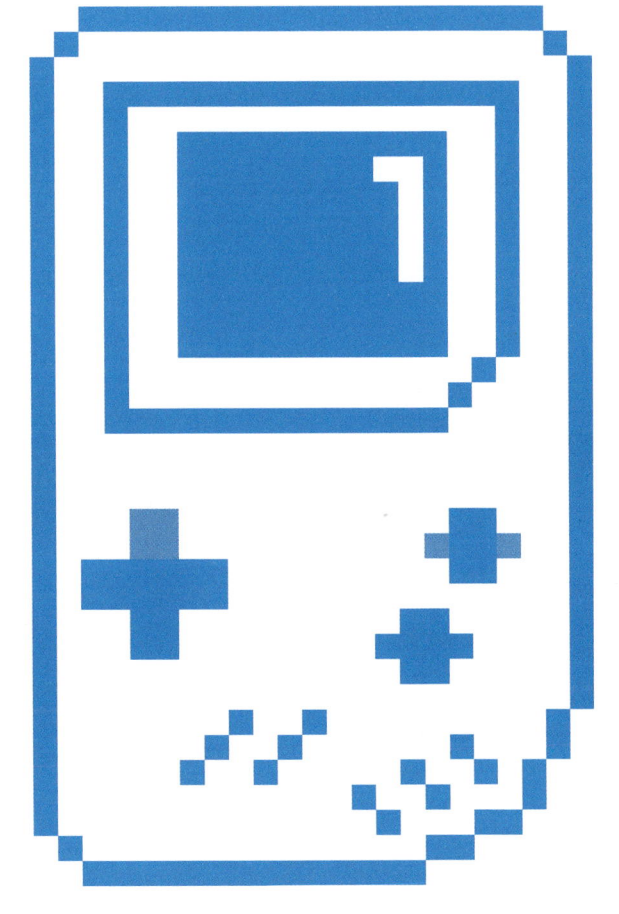

3장. 게임도 스포츠다

게임: 편견을 넘다

21세기 게임의 놀라운 발전은 스포츠 영역으로 범위를 확장하여 e-sports라는 새로운 오락문화를 창조한 것이다. 그 밑바탕에는 인터넷이 없었다면 불가능한 일이었다. 인터넷망의 고도화와 게임을 구동할 수 있는 디지털기기, 주변기기의 우수한 성능, 최고의 수준을 구현해 주는 그래픽 소프트웨어, 음향기기 등과 수준 높은 게임 프로그래밍 기술에 프로게이머의 노력과 노련한 대회 운영 노하우가 더해져서 게임은 스포츠의 반열에 올라서게 되었다.

1998년 IMF시절 한국 국민들에게 선풍적인 인기를 끈 <스타크래프트>(그 당시는 네트워크 게임)는 경제적 어려움에 처해 있던 한국 사회에 활력을 불어 넣었다. 미국의 게임회사 블리자드가 개발한 게임을 세계에서 제일 많이 이용한 국가가 한국이었다. 산업 측면에서 보면 온라인게임의 선풍적 인기는 몰락하던 국내 게임산업을 다시 일으킨 부흥의 원동력이자 게임산업의 전환기를 알리는 신호이기도 했다. 넥슨, NCsoft 등 신흥 국내 게임개발사들이 온라인게임이라는 새로운 동력으로 국내 게임 산업을 부흥시켰다.

게임산업의 부흥에서 빼놓을 수 없는 일등공신은 국내 통신시장의 대변혁을 지적하지 않을 수 없다. 국내 통신시장의 변화에서 가장 먼저 수혜를 본 산업이 게임 기업들이었기 때문이다. 1999

년 하나로통신이 ADSL망[1]을 통하여 인터넷서비스를 처음 개시함으로써 국내 인터넷 붐에 불을 지폈다. 그동안 정부에서는 ISDN(종합정보통신망. 단일 통신망으로 음성, 문자, 영상 등의 다양한 서비스를 종합적으로 제공하는 서비스)을 통한 인터넷서비스를 추진하고 있었다. 막대한 설비투자와 시간이 소요되는 국가통신망사업이었다. 후발 통신사업자인 하나로통신이 성공을 담보할 수 없는 ADSL망을 통한 인터넷서비스를 채택한 것은 모험이었다. 그러나 전화선을 이용한 인터넷 상용화는 인터넷 이용자의 폭발적 확산으로 이어졌다. 하나로통신의 전화망을 이용한 인터넷서비스가 성공을 거두자 KT, LG, SK 등도 ADSL서비스에 동참함으로써 국내 인터넷 이용자 수는 폭증하였다. 그 후 정부 정책도 ISDN에서 ADSL로 바뀌고, 초고속 ADSL로 이어지며 한국이 인터넷강국이 되는데 결정적인 역할을 했을 뿐 아니라, 다양한 플랫폼 기업들을 탄생시켰다.

한국 인터넷망의 고도화는 곧바로 국내 온라인게임의 전성기와 함께 e-sports 발전의 계기가 되었다. 게임시장조사 기관 NEWZOO에 따르면 글로벌 e스포츠 산업은 미국과 중국을 중심으로 2013년부터 연평균 약 28.0%의 성장세를 보이고 있다. 2019년 e-sports 세계시장 규모는 11억 달러로 매년 시장규모가 26.7% 성장하고 있는 반면, 한국의 e-sports 시장은 1,138.6억 원으로 전 세계 시장의 약 11%를 약간 상회하는 수준이다. e-sports

의 종주국임을 자처하는 한국의 입장에서 볼 때 시장 규모는 상대적으로 협소한 편이다. 세계 시장의 1위는 북미지역이고, 2위는 중국이 차지하고 있다. e-sports 시장도 게임시장에 비례한다고 보면 무리가 없을 듯하다. 전 세계에서 4억5400만 명(2019년 기준)이 e-sports를 즐기고 있으며, 이중 열성 e-sports 시청자는 2억 1백만명이다. 시청자 중 57%가 아시아-태평양 지역 국가, 16%가 유럽, 12%가 북미지역, 그리고 나머지 지역이 15%를 차지하고 있다. 골드만삭스는 글로벌 e-sports 시청자 수가 2018년 1억6700만 명에서 2022년 2억7600만 명으로 증가해 미국 최대 스포츠인 미국프로풋볼(NFL)의 2022년 시청자 2억7000만 명을 뛰어넘을 것으로 예상하기도 했다.

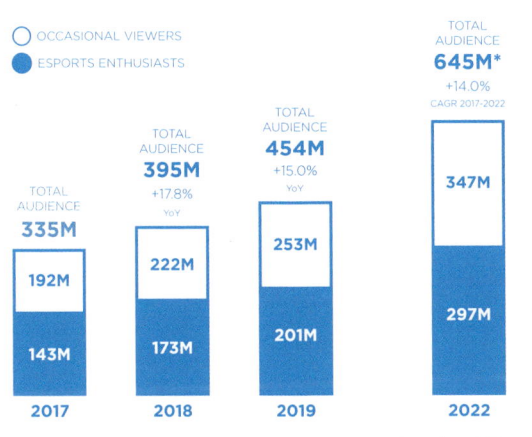
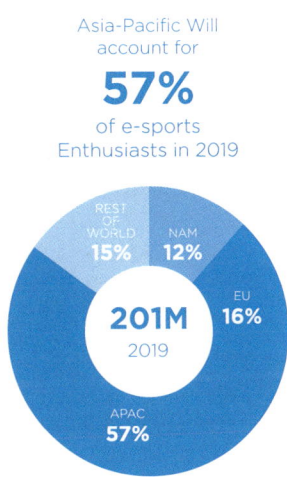

e-sports 유저관련 통계, 출처:NEWZOO

한국을 대표하는 e-sports 단체로는 한국 e스포츠 협회(Korea e-Sports Association)가 있으며, 한국의 e-sports를 관리하고 육성하기 위해 1999년 7월 1일 사단법인으로 설립되었다. 처음에는 한국프로게임협회(Korea Pro Game Association, KPGA)라는 이름으로 발족되었으며, '21세기프로게임협회'라는 이름도 가지고 있다가 2003년 지금의 이름으로 통일되었다. 협회의 영문명 머리글자를 따서 케스파(KeSPA, Korea e-Sports Association)라는 이름으로 지칭되기도 한다. 한국e스포츠협회는 프로게이머의 등록과 관리(매월 랭킹 고지 등), 공인 종목의 선정, 인프라 구축, 국가대표 선수단의 조직과 파견, 게임방송 콘텐츠 사업 등을 하고 있다.

정부에서도 e-sports의 육성의 필요성을 인식하여 2012년에 "이스포츠(전자스포츠) 진흥에 관한 법률"를 제정하였다. 법률 제1조를 보면 e-sports의 진흥을 위한 정부의 의지를 읽을 수 있다. "이스포츠의 진흥에 필요한 사항을 규정함으로써 이스포츠의 문화와 산업의 기반조성 및 경쟁력 강화를 도모하고 이스포츠를 통하여 국민의 여가선용 기회 확대와 국민경제의 건전한 발전에 이바지함을 목적으로 한다"고 명시하고 있다. 제2조에서는 e-sports를 "게임물을 매개(媒介)로 하여 사람과 사람 간에 기록 또는 승부를 겨루는 경기 및 부대활동을 말한다"고 정의하고, e-sports를 "전문 이스포츠와 생활 이스포츠로 구분하고 있다. 전문 이스포츠란

이스포츠 선수들이 행하는 이스포츠 경기 활동을 말하고, 생활 이스포츠란 여가와 친목도모를 위하여 행하는 자발적이고 일상적인 이스포츠 활동을 말한다"고 규정하여 e-sports를 전문 스포츠와 여가로 즐길 수 있는 생활체육으로 이분화하고 있다.[2]

《2019년 국내 이스포츠 실태조사(한국콘텐츠진흥원)》에 따르면 국내에서 활동 중인 게임단은 약 47개로 나타났다. 47개 게임단에서 운영하고 있는 팀은 총 80개로 게임단별 1.7개의 종목팀을 보유하고 있는 것을 조사되었다. 선수는 총 481명으로 게임단별 평균 8명이 활동하고 있는 것으로 나타났다. 「pubg」 22개 팀에 120명의 선수, 「LOL」 18개 팀에 144명의 선수, 「오버워치」 12개 팀에 108명의 선수 등으로 나타났다.

한국e스포츠협회는 2014년 2월 11일부터 e-sports 종목선정 기관으로 지정되었다. 이들이 선정하는 종목은 크게 정식 종목과 시범 종목으로 나뉘며, 정식 종목은 다시 전문 종목과 일반 종목으로 나뉜다. 전문 종목은 지속적인 투자를 통해 직업선수가 활동할 수 있는 대회가 존재하거나, 리그를 구축할 수 있는 저변이 확보되었다고 인정받은 종목이다. 일반 종목은 정식 종목보다 저변은 열악하나, 종목사의 투자 계획이나 육성 가능성이 명확한 경우에 선정된다. 마지막으로 시범 종목은 심의는 통과하였으나 저변이 미비하여 추후에 재심사를 받아야 한다는 의미이다.[3]

한국 e-sports의 역사가 짧지 않은 역사에도 불구하고, 아직 스포츠로서 국내에 정착하지 못한 것을 게임에 대한 일반인들의 부정적 인식 탓으로만 돌릴 수는 없다. 실지로 한국콘텐츠진흥원이 발표한 《2019 이스포츠 실태조사》를 보면 알 수 있다. 조사대상자 중 64.5%가 e-sports에 대하여 인지하고 있으며, 40.4%가 e-sports를 취미로 즐기거나 경기를 관람하고 있는 것으로 나타났고, e-sports를 52.4%가 스포츠로 인지하고 있으며, 70.4%는 e-sports가 향후 지속적으로 성장할 것이라고 인식하고 있기 때문이다. 게임을 스포츠로 즐길 수 있는 환경 조성과 e-sports가 체스나 바둑처럼 누구나 인정하는 스포츠로 발전할 수 있도록 제도 마련 및 대회의 공신력 있는 운영과 재정적 뒷받침이 부족했기 때문이다. 대한체육회에서 인정하는 스포츠로 거듭나기 위한 노력이 절실히 요구된다.

문화체육관광부는 한국e스포츠협회와 함께 2007년부터 '대통령배 아마추어 e-스포츠대회'를 개최하고 있다. 대통령배 e-스포츠대회는 지역 e-sports 균형발전, e-sports 유망주 발굴과 아마추어 e-sports 저변 확대를 위한 전국 단위 아마추어 대회다. 대회 종목은 정식종목과 시범종목으로 나누어 개최되고 있다. 문화체육관광부와 한국e스포츠협회는 2016년부터 장애 부문 경기도 따로 개최하고 있다. 2016-2019년에는 넷마블의 <모두의마블> 종목으로 열렸고, 2020년에는 슈퍼셀의 <브롤스타즈>가 처음 종목으로 채택됐다. 그러나 정부의 이러한 노력에도 불구하고 e-sports대회는 일반인들의 관심을 끌지 못하고 있다. 그 이유는 많겠지만 e-sports에 대한 관심 유도와 참여를 유도하기 위한 각종 유인책과 e-sports의 표준화 작업 미흡 등을 들 수 있다. 정부가 주도하는 행사라는 한계도 있을 것이다.

지난 18회 인도네시아 자카르타(팔렘방)아시안 게임(2018년 8월 18일 ~ 9월 2일)에서 시범종목으로 채택되었던 e-sports는 아시안 게임에 대한 새로운 방향성을 제시하고, e-sports에 대한 관심을 증폭시킨 아시아인 스포츠 축제였다. 온라인게임이 여타 현실 스포츠 종목들과 같이 전문 프로게이머들의 경쟁을 통한 대리 만족과 보는 스포츠로서의 가능성을 보여 주었다는 면에서 의미가 매우 크다. 아시안게임 참가국 45개국 중에서 e-sports대회 참가국 18개국의 면면을 보아도 알 수 있다. 동아시아(한국, 중국, 일본, 홍콩, 중화 타이베이), 동남아시아(인도네시아, 베트남, 태국, 라오스, 말레이시아), 남아시아(인도, 파키스탄, 스리랑카), 중앙아시아(카자흐스탄, 키르키스스탄, 스리랑카), 서아시아(이란, 사우디아라비아) 등 아시아권의 대표적 국가에서 대표단을 파견하여 대회를 치렀다.

비록 18회 인도네시아 아시안 게임에서 채택한 e-sports 게임 종목들 <PES 2018>, <리그 오브 레전드>, <스타크래프트 2>, <

클래식 로얄>, <펜타스톰>, <하스스톤>[4] 중에 중국기업 텐센트가 개발한 펜타스톰, 일본 기업 코나미가 개발한 PES2018를 제외하고는 아시아 권에서 개발한 게임이 없었지만 게임이 아시안 인들에게 e-sports도 보는 스포츠로 충분히 즐길 수 있는 대리만족 스포츠라는 것을 인식시켜 주었다는 면에서 성공적이었다고 할 수 있다. 다행인 것은 다음 대회인 제19회 중국 광저우 아시안게임(2022년)에서는 e-sports가 정식종목으로 승격하였다는 것이다. 2019년 4월에 발표된 광저우 아시안게임 37개 종목에서는 e-sports가 정식종목 뿐만 아니라 시범종목에서도 빠져있어 게임 팬들의 실망감은 컸었다. 그러나 2020년 12월 16일 발표된 광저우 아시안게임 40개 종목에서는 e-sports가 정식종목으로 채택되어 게임 팬들의 지대한 관심을 촉발시켰다. 2024년 프랑스 하계 올림픽의 정식종목으로 e-sports를 채택하자는 분위기도 있으나, 국제올림픽조직위(IOC, International Olympic Committee)의 반응은 그렇게 호의적이지 않다. 세계인이 보고 즐기는 스포츠로 e-sports가 올림픽의 정식종목으로 채택되기는 난관이 많을 듯하다. 그렇지만 국제올림픽위원회의 정식회원 단체로 가입되어 있는 체스나 브리지를 감안하여 보면 국제적으로 용인된 스포츠로 e-sports가 올림픽 종목으로 채택될 시간도 그리 멀지 않아 보인다.

왜냐하면 MZ세대의 등장은 사회적 관계 뿐 아니라 스포츠 및 엔터테인먼트 분야에서 다른 대륙, 국가, 도시의 친구들과 게임을 즐기는 것이 일상화되어 있기 때문이다. 특히 사회에 첫발을 내딛기 시작한 Z세대는 디지털기기와 인터넷과 함께 성장한 세대이기 때문에 e-sports는 그들의 일상적 문화 아이콘으로 자리매김했기 때문이다. 그들은 엑스박스 라이브와 플레이스테이션 네트워크뿐만 아니라, 스마트폰이나 인터넷을 통하여 지구촌 누구와도 온라인으로 커뮤니티를 구성하고, 함께 게임을 즐기는 세대다.

스포츠의 어원은 라틴어에 뿌리를 두고, 프랑스어로 사용되었다. 본래는 disport라 했으나, 영어로 바뀌면서부터 di가 없어지고 sport가 되었다. 원어에서 dis라는 것은 '분리(分離)'의 뜻을 나타내는 접두어로 away에 해당하며, port는 '나르다(carry)'의 뜻이었다. 따라서 disport는 carry away라는 뜻으로, 즉 "자기의 본래의 일에서 마음을 다른 곳으로 나른다는 것", 다시 말하면 "일에 지쳤을 때에 기분을 전환하기 위하여 무엇인가를 하는 것, 생활의 성실한 또는 슬픈 장면을 떠나서 기분 전환을 하는 것"이라는 의미이다. 스포츠가 국제화된 것은 19세기 이후의 일이며, 스포츠를 명확하게 한 마디로 정의한다는 것은 곤란한 일이나, 그 용법은 대체로 다음의 세 가지로 나누고 있다. "각 사회나 개인이 관습적으로 하는 스포츠, 경기, 투기(鬪技)로서 하는 운동" 현대 사회에서는 운동의 기능이 중요해져서 스포츠가 운동의 개념과 거의 같은 의미로 사용되고 있다.

두산백과에서는 스포츠에 대한 설명을 다음과 같이 하고 있다. "스포츠는 심한 육체활동이나 연습의 요소도 포함한다. 현대의 스포츠는 경기규칙에 따라 승패를 겨루는 신체적 활동이지만, 여기에 참가하는 사람의 입장에서 보면 활동의 강약 도에 따라 레크레이션 또는 유희라고도 불린다. 체육학 교수들은 '체육은 큰 근육을 써야 한다'고 주장한다. 그러나 세계적 흐름이 마인드 스포츠(mindsports)인 바둑·브리지·체스가 국제 경기로서 갖는 육체적 활동에 제약 조건은 있으나, 두뇌의 활동과 연습을 통하여 상대방과 경쟁하고, 유희적 성격을 갖추고 있는 면에서 스포츠로 인정되고 있다. 실제로 바둑이 대한체육회의 회원단체로 2009년 55번째 종목으로 정식 가맹되었다. 1955년 사단법인으로 출발한 한국기원이 대한체육회 회원으로 가입된 것은 스포츠의 정의 자체를 넓게 적용하고 있다는 것을 입증하고 있다. 주요 타이틀로 국수전·최고위전·왕위전·기왕전·명인전·국기전·패왕전 등이 있다."

스포츠가 국제적으로 보급되고, 국제적 교류가 활발해지자. 스포츠를 경쟁 즉 아곤적(Agôn 的) 성격의 운동이라고 하는 사고방식이 일반화되었다. 아곤은 플레이의 한 범주이며, 그 원동력은 어떤 분야에서 자기의 우수함을 타인에게 인정받고자 하는 욕망이다. 평등한 조건에서 자력(自力)에 의지하여 다른 개인 혹은 팀과 경쟁하는 스포츠다. 국제스포츠체육협의회 (ISPE, International Council of Sport Science and Physical Education) 는 스포츠

선언에서 "플레이의 성격을 갖고, 그리고 자기 또는 타인과의 경쟁, 혹은 자연의 장애와 대결을 포함하는 운동은 모두 스포츠다"라고 정의하고 있다.

국제스포츠체육협의회도 같은 관점에서 스포츠를 세 개의 주요한 영역으로 구분하고 있다. 즉, 학교에서의 스포츠, 레저타임 스포츠, 챔피언십 스포츠다. 지금까지 스포츠의 기능을 플레이하는 사람의 입장에서 서술해 왔으나, 현대의 스포츠는 보고, 시청하는 것을 포함하고 있다. 아곤적 성격의 스포츠뿐만 아니라, 미미크리(Mimicry)의 범주에 포함되는 스포츠도 포함한다.[5] 이러한 의미에서 접근해 볼 때 e-sports는 디지털기술을 이용한 아곤적이며 미미크리적 성격을 겸비한 스포츠라고 할 수 있다. 플레이어가 환상적인 세계에서 자신을 드러내지 않고 다른 인격으로 상대방과 경쟁하는 게임이다. 게임이라는 매개체를 통하여 다른 사람과 경쟁으로 우열을 겨루면서, 보는 스포츠로서의 기능을 가진 현대판 온라인 스포츠다. 한국의 국민 체육 진흥법(1962년 9월 17일 제정 법률 제1146호) 제2조에는 "이 법에서 체육이라 함은 운동 경기, 유희, 야외 운동 등 신체적 활동으로서 건전한 신체와 정신을 배양하는 것을 말한다"라고 하여 체육의 범위를 정신적인 측면까지 넓게 잡으면서, 교육적 기능을 중시하는 사고방식을 보이고 있다. 스포츠에 대한 현대적인 사고방식이라 하겠다.

유럽에서는 테니스, 축구 등과 같이 체스를 스포츠로 분류하고 체스대회에 경기자로 참여하거나 참관한다. 체스의 핵심문제는 대단히 체계적이고 명쾌하며 경계가 명확하게 정해져 있다. 능력이 제각각인 16개 자원을 어떻게 활용해서 나의 가장 귀중한 자산을 보호하면서 또 상대의 가장 귀중한 자산을 차지하는 것이다. 사용할 수 있는 전략은 수없이 많고, 전략적으로 움직일 때마다 문제 공간에서 미래의 가능성이 바뀐다. 그래서 체스를 두고 다음과 같은 유명한 말이 있다. '체스는 무한하다.' 위키피디아에 의하면 각 플레이어가 각각 한 수를 뒀을 때 만들어질 수 있는 배열은 400개다. 두수를 두고 나면 72,084개, 세수를 두고 나면 약 9백만 개, 네 수를 두고 나면 약 2,880억개, 경우의 수가 우주에 있는 전자의 수보다 많다고 한다. 이러한 많은 경우의 수에도 불구하고, 1997년 인공지능 컴퓨터 IBM 슈퍼컴퓨터에서 작동하는 체스프로그램 <딥 블루>가 당시 세계 체스 챔피언인 개리 카스파로프를 물리쳤다. 인간과의 두뇌 경쟁에서 컴퓨터가 승리하는 사건이 벌어진 것이다.

중국에서 약 2500년 전에 발명된 바둑은 두 명의 대국자가 가로와 세로로 그어져 있는 19줄의 361개 교차점에 흑과 백의 돌을 번갈아 가며 놓는 전략 경기다. 빈 교차점을 둘러싸 자신의 집으로 만들면 된다. 자신이 둘러싼 교차점 하나와 자신이 잡은 상대방의 돌 하나는 각각 1점이 된다. 규칙은 간단하지만 바둑 경기가 전개되는 상황은 엄청나게 복잡하다. 게임 중간에 일부 돌은 죽을 수 있으며, 일부 돌의 경우 죽은 것 같지만 어느 순간에 다시 살 수 있다. 때로는 게임이 끝날 때까지 누가 이겼는지 알기 어려울 경우도 있다. 경우의 수를 따져 봐도 바둑이 체스보다 훨씬 많다. 위키피디아 자료에 의하면 64칸 안에서 6종류의 말을 정해진 경로를 따라 움직이는 체스의 경우 특정한 위치에서 가능한 움직임이 약 12개다. 그에 비해 361곳을 무작위로 둘 수 있는 바둑은 특정한 위치에서 가능한 움직임이 약 200개에 달한다. 체스의 경우 한 경기를 둘 때 고려해야 하는 경우의 수는 보통 10의 120승으로 계산된다. 하지만 바둑에 대한 경우의 수는 아직 명확하지 않다. 구글은 바둑에 대한 경우의 수가 250의 150승이라 했고, 혹자는 10의 360승이라고도 한다. 어떤 경우든 우주 전체의 원자 숫자보다 더 많은 조합과 배열이 가능하다는 의미가 된다.

인공지능 알파고와 한국의 프로바둑 기사 이세돌과의 딥마인드 챌린지 매치(Google Deepmind Challenge match)가 2016년 3월 9일부터 15일까지 열렸다. 결과는 AI기술을 이용한 알파고가 4승1패로 승리를 거두었다. 최고의 바둑 인공지능 프로그램과 바둑의 최고 인간 간의 대결로 주목을 받았으나 알파고가 승리를 거둔 것이다. 이는 바둑의 수가 얼마나 무궁무진함을 보여준 사례 일 것이다.

e-sports도 체스나 바둑처럼 두뇌 스포츠의 일종이다. 그럼에

도 불구하고 e-sports를 단순이 몰입 형식 오락으로 단정하는 것은 게임을 폄훼하는 사고다. 모든 게임이 e-sports에 적합한 형식은 아니더라도 게임은 스포츠가 갖추어야 할 기본 원칙인 자체 규칙과 상대방 그리고 경쟁, 유희라는 요소를 함께 지니고 있다. 보는 스포츠로서의 발전 가능성을 뒷받침하는 근거다. e-sports는 게임 플레이하는 프로게이머를 통하여 대리만족을 하는 즐거움과 보는 재미를 함께 내재하고 있는 스포츠다. 한 가지 게임을 평생 하는 것이 드문 일은 아니다. 많은 사람들이 거의 10년 넘게 <스타크래프트>를 플레이하고 있고, <리니지>, <리그 오브 레전드> 플레이도 마찬가지다, 평생 체스, 바둑 같은 게임에 파고드는 사람이 많듯이 게임도 마찬가지다. 다만 게임은 기존의 게임에 새로운 형식과 방법을 추가하여 플레이어의 경험을 유도하고, 새로운 형식과 방법의 기술을 습득하도록 플레이어를 유혹한다.

간혹 우리는 e-sports와 스포츠 도박을 혼동하기도 한다. 경주마 등이 경주하는 게임의 경우와 같이, 승패에 돈을 배팅하여 승률에 따라서 배당을 받는 게임은 그것이 게임의 형식을 빌리고 있더라도 승부 조작 혹은 게임의 승부에 따라서 배당을 하는 것은 도박이지 스포츠라 할 수 없다. 이는 체육 스포츠에서 경기가 시작되기 전부터 경기 결과나 과정을 미리 결정한 뒤 이를 그대로 시행하여 경기의 결과와 과정을 왜곡한다. 경기에 참가한 선수들의 비정상적 플레이나 심판의 공정하지 못한 판정으로 경기 결과를 왜곡하는 행위는 스포츠에 대한 신뢰와 권위를 크게 훼손한다. 스포츠가 도박과 배팅이 연루되어 있는 것을 스포츠 도박이라고 일컫는 것과 같은 이치다.

미국의 경우 1992년 제정된 "프로와 아마추어 스포츠 보호법"에 의하여 라스베이거스가 있는 네바다주를 제외한 모든 주에서 스포츠도박을 금지해 왔으나, 뉴저지주는 지역 내 카지노와 경마장 등이 쇠퇴하자 재정적 세수 확보 차원에서 스포츠도박을 허용하기 위해 법적 다툼을 벌였다. 그 결과는 2018년 미국 연방 대법원은 모든 주에서 스포츠도박을 자체적으로 합법화할 수 있도록 판결하였다. 이러한 결정을 두고 전미대학체육협회(NCAA, National Collegiate Athletic Association)와 미국의 프로미식축구협회(NFL, National Football League), 메이저리그베이스볼(MLB, Major League Baseball) 등 스포츠단체 들은 대법원 판결에 반대의 목소리를 냈다. 스포츠 도박이 합법화되면 스포츠의 정신이 훼손되고, 승부조작이 증가할 것이라는 이유에서였다. 미국의 비공식적인 스포츠 도박 시장의 규모는 2018년 당시 1500억달러(약 160조4300억원)에 달하였다. 모건스탠리의 조사에 따르면 온라인도박 합법화 움직임이 활발하고, 미국인을 상대로 한 인터넷 도박게임 관련 사이트가 1700여개에 이르고, 많은 사이트들이 미국법(the Wire Act of 1961,US)을 피하기 위하여 외국에 서버를 두고 서비스하고 있다고 하였다. 2014년 6억7000만 달러인 전국 온라인 도박 수익이 2020년에 93억 달러까지 치솟을 것으로 전망하기도 했다. 한국의 경우도 스포츠 도박은 불법이다. 게임이 건전한 스포츠로 거듭나기 위해서는 스포츠 도박은 차단되어야 한다. 게임이 보고, 즐기는 오락으로 발전하는 데 전혀 도움이 되지 않기 때문이다. 게임이 국민 모두가 즐기는 건전한 오락으로 발전하고, 저변을 확산하기 위하여는 e-sports의 운영 규칙의 표준화와 국제적 경기 활성화가 필요하다. e-sports가 개별 게임기업 단독의 대회운영으로는 발전의 한계가 있다. e-sports가 국제적 대회로 발전하기 위해서는 e-sports 관련단체와 개별기업 그리고 각국의 스포츠관련 단체들이 협심 노력하여야만 가능한 일이다. 그렇다고 지금처럼 개별기업이 운영하는 e-sports를 국제적 대회로 전환할 필요성은 없어 보인다. 개별기업이 서비스하는 게임에 대한 지적재산권 문제뿐만 아니라, 공식적인 대회 종목 채택에서 많은 난관들이 있기 때문이다. 비록 아시안게임에서는 e-sports가 시범종목 혹은 정식종목으로 대회가 치러지더라도 넘어야 할 산이 많은 것이 사실이다. 그럼에도 불구하고 우리의 경우 전국체육대회에 대한 일반인들의 관심이 예전 같지 않음을 감안하면 e-sports를 통하여 전국체육대회의 관심이 다시 돌아올 희망을 품어 볼 수 있지 않을까 한다. 전국체육대회가 열리는 개최 도시에서 e-sports가 동시에 개최되면 MZ세대도 전국체육대회에 대한 관심이 집중될 것이기 때문이다.

COVID-19를 겪으면서 세계인들은 집콕 하면서 가족과 함께 즐긴 게임 경험을 잊지 못할 것이다. 이러한 경험이 e-sports가 국제스포츠로 자리매김하는 데 일조할 것임은 명확해 보인다. 필자가 보기에 e-sports는 새로운 전기를 맞이할 것이다. 지금의 e-sports종목인 <리그 오브 레전드>, <스타크래프트 2>, <클래시 로얄>등과 달리 동·하계올림픽대회에서 채택하고 있는 경기종목을 e-sports종목으로 채택하여 즐길 날이 머지않은 미래에 실현될 것이다. 지금의 e-sports 개념에서 벗어나 종목에서도 현실에서 즐기고, 보는 스포츠인 야구, 축구, 배구, 농구 등의 종목으로 구성된 "e-sports 국제 올림픽대회"의 창설을 보게 될 날도 멀지 않아 보인다. 가상과 현실의 경계가 허물어지고 있는 메타버스 시대에 지구촌 스포츠대회는 가상과 현실을 넘나드는 e-sports로 발전해 갈 것이기 때문이다. 그런 날이 오면 장애인과 정상인이 같은 조건에서 만나 차별없이 경쟁하고, 성취감을 느끼는 스포츠로 e-sports는 자리잡게 되지 않을까 한다.

덧붙여

1. 비대칭형 디지털 가입자망을 뜻한다. 이는 기존의 구리 전화선을 통해 일반 음성통화는 물론 데이터 통신을 고속으로 이용할 수 있는 기술로 디지털 가입자 회선 서비스(xDSL) 가운데 하나이다. 디지털 가입자 회선에는 단선 디지털 가입자 회선(SDSL), ADSL, 초고속 디지털 가입자 회선(VDSL) 등이 있다. 이 중 ADSL은 송수신 속도의 차이(2002년 출시 당시 수신의 경우 최고 9Mbps, 송신은 640Kbps)때문에 비대칭형이란 수식어가 붙었다. ADSL은 데이터를 실어 나를 때는 음성보다 높은 주파수 대역을 이용하므로 동시에 음성통화와 데이터 통신을 할 수 있다. 전화선을 흐르는 음성신호는 약 4KHz의 주파수대역을 점유하였지만 이보다 위의 주파수 대역은 사용하지 않고 있었다. 따라서 비어 있는 고주파 부분을 사용하는 통신 방법이 연구되어 800㎒ 주파수대역을 점유하게 되었다. ADSL은 당초 가입자가 원하는 시간에 영화를 주문해 일반 전화선으로 볼 수 있도록 하는 VOD용으로 1988년 미국 벨코어사에 의해 개발됐다. 그러나 VOD의 전망이 밝지 않아 사장됐다가, 1995년 인터넷 붐이 일면서 다시 빛을 보기 시작했다. 우리나라는 1999년에 상용화되었으며, 초고속인터넷 ADSL은 이후 우리나라를 ICT 강국으로 이끄는 데 핵심 역할을 하였다. 네이버 지식백과

2. 이스포츠(전자스포츠) 진흥에 관한 법률 제2조(정의)에서는 사용용어의 뜻을 다음과 같이 규정하고 있다.

(1) "이스포츠"란 「게임산업진흥에 관한 법률」 제2조제1호에 따른 게임물을 매개(媒介)로 하여 사람과 사람 간에 기록 또는 승부를 겨루는 경기 및 부대 활동을 말한다.

(2) "전문 이스포츠"란 이스포츠 선수들이 행하는 이스포츠 경기 활동을 말한다.

(3) "생활 이스포츠"란 여가와 친목도모를 위하여 행하는 자발적이고 일상적인 이스포츠 활동을 말한다.

(4) "이스포츠산업"이란 이스포츠와 관련된 재화와 서비스를 통하여 부가가치를 창출하는 산업을 말한다.

(5) "이스포츠시설"이란 이스포츠와 관련된 경기 및 관람, 중계 등의 부대활동을 할 수 있는 시설을 말한다.

(6) "이스포츠 선수"란 이스포츠 단체의 정하여진 바에 따라 등록된 사람을 말한다.

(7) "이스포츠 단체"란 이스포츠에 관한 활동이나 사업을 목적으로 설립된 법인이나 단체를 말한다.

3. 한국e스포츠협회는 매년 해당 부문과 항목은 결정한다. (2018.10월 기준) <전문 종목> 리그 오브 레전드, 클래시 로얄 <일반 종목> 던전앤파이터, 서든어택, 스타크래프트 II, 크레이지레이싱 카트라이더, 히어로즈 오브 더 스톰, 하스스톤, PES 2018, 펜타스톰. <시범 종목> 스페셜포스, 오디션 (2020.4월 기준) <전문종목> 리그 오브 레전드, 플레이어언

노운스 배틀그라운드, FIFA 온라인 4 <일반종목> 던전앤파이터, 서든어택, 카트라이더, 오디션, 이풋볼 페스 2020(eFootball PES 2020), 클래시 로얄, 브롤스타즈 <시범종목> A3: 스틸얼라이브

4. <e풋볼 위닝 일레븐 (eFootball Winning Eleven)>은 일본의 게임 회사 코나미에서 만든 축구 게임 시리즈다. 유럽 지역에서는 인터내셔널 슈퍼스타 사커(Internatonal Superstar Soccer) (플레이스테이션), 프로 에볼루션 사커(Pro Evolution Soccer) (플레이스테이션 2, 플레이스테이션 3, XBox 360, Wii, 플레이스테이션4) 라는 이름으로 발매되고 있다.

<리그 오브 레전드>는 라이엇게임즈에서 개발 서비스하는 멀티플레이어 온라인 배틀 아레나(MOBA, Multiplayer Online Battle Arena)다. 워크래프트의 유즈맵 DotA(Defense of the Ancients)를 바탕으로 제작되었다. 2008년 10월 7일 <League of Legends (CLASH OF FATES)>란 이름으로 처음 발표되었고, 북아메리카에서 2009년 10월 27일부터 정식 서비스되었다. 한국에서는 2011년 12월 4일부터 서비스가 되었다.

<스타크래프트 2: 자유의 날개 (StarCraft II: Wings of Liberty)>는 블리자드 엔터테인먼트가 <스타크래프트: 브루드 워>의 후속작으로 출시한 전략 게임이다. 2010년 7월 27일 오픈 베타 테스트를 시작함과 동시에 정식 발매되었다. 미래 우주를 배경으로 한 스타크래프트: 브루드 워 후 4년 뒤를 게임의 배경으로 하고 있다. 지구로부터 쫓겨난 범죄

자들을 집단으로 한 테란(Terran)과 집단의식을 가진 절지동물 저그(Zerg), 고도로 발달한 외계 종족인 프로토스(Protoss) 사이의 전쟁을 다루고 있다.

<클래시 로얄 (Clash Royale)>은 슈퍼셀에서 제작한 비디오 게임이다. 트레이딩 카드 게임, 타워 디펜스, 멀티플레이어 온라인 배틀 아레나 등 여러가지 요소가 결합된 게임이다. 2016년 3월 2일 전 세계에서 정식 출시되었다.

<펜타스톰 (Arena of Valor, 王者荣耀)>은 중화인민공화국의 텐센트에서 개발하고 서비스하고 있는 멀티플레이어 온라인 배틀 아레나(MOBA)이다.

<하스스톤 (Hearthstone)>은 블리자드 엔터테인먼트가 개발한 온라인 카드 수집 게임이다. 무료로 이용이 가능하나 부가적인 구매로 빠르게 카드를 수집하거나 확장팩을 즐길 수 있다. 2014년 3월 출시되었다.<고블린 대 노움>, <대 마상시합>, <고대신의 속삭임>, <비열한 거리의 가젯잔> 등 확장팩과 <낙스라마스의 저주>, <검은 바위 산>, <탐험가 연맹>, <한 여름밤의 카라잔>등 게임 내에 새로운 카드 세트와 모드가 추가되기도 한다. 위키백과 참조

5. 《놀이와 인간》의 저자 로저 카이와(Roger Caillois)는 놀이의 기본적인 범주로 아곤(Agon), 알레아(Alea), 일링크스(Ilinx), 미미크리(Mimicry)로 분류하였다. 아곤은 그리스어로 시합, 경기를 뜻하고, 알레아는 라틴어로 요행, 우연을 뜻하고, 미미크리는 영어로 흉내, 모방을

뜻하고, 일링크스는 그리스어로 현기증, 소용돌이를 뜻한다. 이중 아곤은 "놀이는 어느 한 무리는 모두 경쟁이라는 형태를 취한다. 경쟁이란 이긴 자의 승리에 명확하게 이론의 여지가 없는 가치를 줄 수 있는 이상적인 조건하에서 경쟁자들이 서로 싸우도록, 기회의 평등이 인위적으로 설정된 투쟁이다. 미미크리는 모든 놀이는 환상이라고 말할 수 없어도, 적어도 약속에 의해 정해지고 몇 가지 점에서는 허구적인 하나의 닫친 세계를 일시적으로 받아들이는 것을 전제로 하고 있다. 놀이하는 자가 자신의 인격을 일시적으로 잊고 바꾸며 버리고서는 다른 인격을 가장한다"고 기술하고 있다. pp.39-47, 로제 카이와, 놀이와 인간, 1994, 문예출판사.

3장. 게임도 스포츠다

4장. 게임중독

"내 인생의 방해자는 언제나 나 자신이었다."
– 김종원, 《나를 지키며 사는 법》

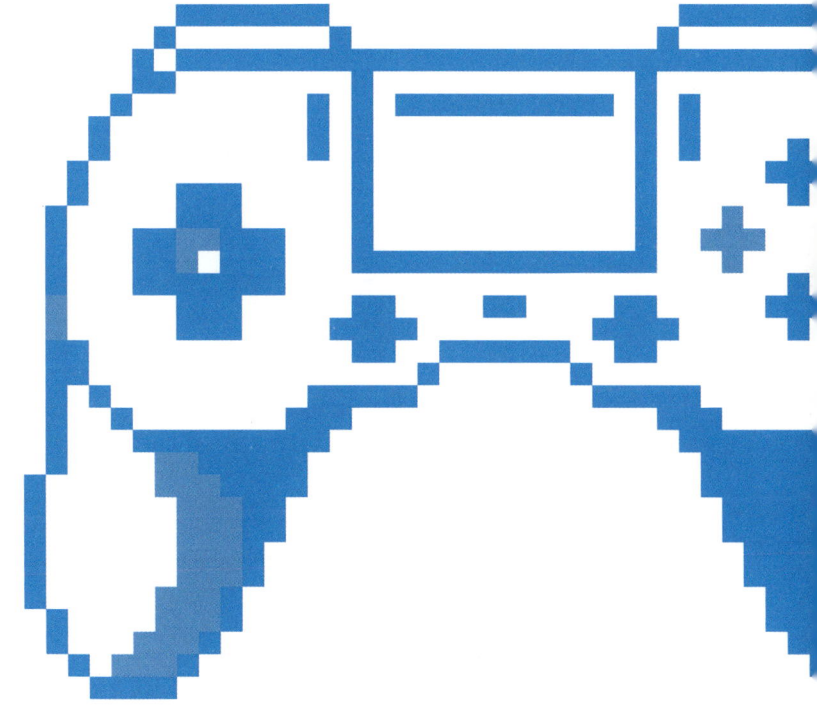

4장. 게임중독

게임: 편견을 넘다

무엇이 문제인가

　게임중독은 미국심리학자 킴벌리 영(Young.K.S.)이 인터넷중독을 정의하면서 인터넷중독의 하위 유형으로 인터넷게임중독을 언급하면서 게임중독에 대한 연구와 논의가 본격화 되었다. 물론 이전에도 게임중독에 대한 연구와 논쟁들은 있었다. 게임플레이어가 게임을 과다 이용하다 발생하는 정신적 장애를 게임중독이라고 일컬었다. 때로는 컴퓨터게임중독, 비디오게임중독이라고 게임을 실행하는 디바이스(Device, 어떤 특정한 목적을 위하여 구성한 기계적·전기적·전자적인 장치)의 이름을 붙여서 게임중독을 달리 표현하기도 했다. 컴퓨터게임이나 비디오게임이 게임의 주류를 이루던 1980-90년대에도 게임중독의 심각성에 대한 경고등이 있었으나, 게임중독에 대한 본격적 연구와 게임중독이란 용어가 일반인들에게 회자되기 시작한 것은 온라인게임의 서비스가 본격화된 2000년 전반기부터다.

　게임중독이 논란의 중심이 된 결정적인 계기는 세계보건기구가 ICD-10(정신과행동장애분류, classification of mental and behavioural disorder-10)를 30년 만에 재개정 한 ICD-11에 '6C51' 번이라는 질병코드로 게임이용장애(Gaming disorder)를 등록함으로써 시작되었다. 스위스 제네바에서 열린 제72차 세계보건총회 B위원회에 참석한 위원들의 만장일치로 게임이용장애를 질병으로 분류한데 따른 것이다. 이 코드에 따르면 중독성 행위 장애(Disorders due to addictive behavior, 정신적, 행동적, 신경발달장애, 중독성 행동으로 인한 장애)의 하위 항목으로 도박중독(정식명칭, 도박장애)과 함께 게임에 중독되면 장애가 발생한 것으로 보겠다는 것이다. 지금까지 게임중독에 대한 대처 방법으로 여겨졌던 심리 상담행위가 아니라 신경정신과 치료 대상으로 게임중독을 분류하여 전문의사의 진단과 치료를 받아야 한다는 것이다.

WHO가 제시한 게임이용장애의 질병코드 분류에 따른 내용은 다음과 같다. "게임 플레이어가 게임에 대한 통제력을 상실하여 일상생활(개인, 가족, 사회, 교육, 직업 등)에서 부정적인 결과를 초래하면 정신건강전문의의 상담 및 치료를 받아야 한다. 게임 플레이어가 온·오프라인에서 어떤 게임을 이용하든 상관없이 게임이용으로 인하여 12개월 이상 부정적 결과가 지속되는 경우에는 게임이용장애로 진단하는 것을 원칙으로 한다. 다만 12개월 미만이라도 정도가 심각한 경우라고 정신건강전문의가 판단할 때는 게임이용장애로 판정을 내릴 수 있다."

WHO는 게임이용장애를 ICD-11에 정식 등재하면서 2022년부터는 각국 정부가 게임중독에 대한 질병 정책을 수립하고 시행하도록 권고하고 있다. 강제적 사항은 아니지만 한국의 경우 주무부처인 보건복지부는 "WHO의 결정에 따라 게임중독의 치료 방법 등을 조사하고, 질병으로 분류하기 위한 준비(한국표준질병사인분류, Korean standard classification of disease and cause of death)에 나서겠다"고 밝혔다. 2019년 들어서 정부에서는 질병코드 도입을 위한 민관 협의회를 구성하여 시행을 위한 준비단계에 들어갔다. 게임질병대책협의회가 그것이다. 정부는 2019년 7월23일 게임질병 대책협의체를 민간위원 14명, 정부위원 8명 등 총 22명으로 구성하였다. 정부위원은 간사부처인 문화체육관광부, 복건복지부와 교육부, 과학기술정보통신부, 여성가족부, 통계청, 국무조정실이 참여하였다. 민간위원으로는 의료계 3명, 게임계 3명, 법조계 2명, 시민단체 2명, 관련 전문가 4명이다.

그러나 정부의 이러한 움직임이 있기 전에 게임을 질병코드로 분류하는 것에 반대하는 모임이 먼저 결성되어 활동하고 있었다. 게임업계를 대표하는 단체인 한국게임학회, 한국게임산업협회를 비롯하여 다수 대학 및 기관 등 90개 단체가 모여 게임질병코드 도입 반대를 위한 공동대책 위원회를 결성한 것이다. 공동대책위는 10개 사항을 향후 계획으로 발표했다.(2019.5.29.)

"문체부, 보건복지부, 국방부, 중기부 등 게임 관련 범부처 참여 민관협의체 구성, 공대위 상설 기구화, 사회적 합의 없는 KCD(한국표준질병사인분류, Korean Standard Classification of Diseases) 도입 강행 시 법적 대응 검토, 변호사 자문, 보건복지부 장관 항의 방문, 보건복지위 위원장, 국회의장 면담 추진, 게임질병코드 관련 국내외 공동 연구 추진 및 글로벌 학술 논쟁의 장 마련, 게임질병코드 도입 Before & After 제작 및 배포, 게임질병코드에 맞설 게임스파스타 (파워블로거) 300인 조직, 범국민 게임 촛불운동 시작, 게임질병코드 관련 모니터링팀 조직. 중독론자들이 발표한 자료가 사라지고 있는 정황 발견. 이에 대해 면밀하게 추적, 유튜브 크리에이터 연대 활동 강화, 범국민 청와대 국민청원 검토 등 10개 항목이다."

이에 앞서 한국게임산업협회는 WHO의 게임질병화 시도에 반대하는 국제공동협력을 추진하기도 했다. 미국(ESA, Entertainment Software Association), 캐나다(ESAC, Entertainment Software Association of Canada), 호주 및 뉴질랜드(IGEA, Interactive Games and Entertainment Association), 유럽 18개국(ISEF, International Science Engineering Fair) 등 각국의 게임 산업을 대표하는 협회들과 함께 WHO의 국제질병분류 제11차 개정을 저지하기 위한 국제 공동 목소리를 내기도 했다.

세계보건기구의 이러한 결정이 나오기 전에도 2013년 미국정신의학회(American Psychiatric Association)는 DSM-5(정신질환 진단 및 통계편람, The Diagnostic and Statistical Manual of Mental Disorders, Fifth Edition-5) 개정 시 게임을 중독성이 있는 정신장애로 분류하였다. 이는 2007년도에 미국의사협회(the American

Medical Association)가 미국정신의학회(America Psychiatric Association)에 2013년 DSM-5 개정 작업을 할 경우 '비디오게임 중독'(미국 및 유럽은 게임을 통칭하는 대명사로 비디오게임이라 일반적으로 통칭하고 있다)을 중독 장애진단 항목에 포함시킬 것을 권고하였던 것을 실행에 옮긴 것이라 판단된다. 그 당시 미국의사협회가 제시한 조사결과에 따르면 "미국 청소년 90%가 비디오 게임을 하고 있으며 약15%에 해당하는 500만 명이 게임중독 성향을 보이고 있다. 게임 중에서도 <월드 오브 워크래프트>와 같은 온라인게임의 중독성이 다른 게임 장르보다 높다"고 발표했다.

미국의사협회도 게임 중독을 정신질환으로 분류하는 것에 대해서는 장기 연구가 필요한 사안이라고 언급하고, 부가적인 설명을 곁들였다. "게임중독이 개인 건강 및 사회에 미치는 영향을 우려하면서 미국의 경우는 94년 이후 한 번도 개정되지 않은 게임등급시스템을 다시 검토할 필요가 있다"고 언급했다. 그 당시 게임중독 의심 증상을 보이고 있는 게임 플레이어들의 심리 상담과 치료를 책임지고 있던 대부분의 치료사들(therapists)도 그들이 상담하여 치료하여야 하는 목록 속에 게임중독을 포함시키는 것에 대체로 동의하는 분위기였다. 그들은 자신들의 상담 경험으로 볼 때 게임중독이 약물중독보다 더욱 중독성이 강한 심리적 장애로 인지하고 있었다.

그럼에도 불구하고 외국의 심리학자(Psychologists)들은 대체로 게임강박증(Game obsession)에 대하여 게임중독(Game addiction)이라고 진단하는 것에 대해서는 의견이 찬반으로 나뉘어졌고, 신중한 태도를 취하였다. 세계보건기구의 게임중독 질병코드 부여에 대하여 저항이 거센 것은 명확한 실증적 연구 부재 및 정당성 문제뿐만 아니라 게임중독의 적용 범위가 무척 광범위하다는 것에 무게를 두고 있다. 미국정신의학회가 DSM-5에서 규정한 게임중독의 범위는 미국의사협회와 마찬가지로 게임 중에서도 많이 회자되는 MMORPG와 같은 역할 게임에 무게 중심을 두고 있었다. 그럼에도 불구하고 MMORPG를 포함한 기타 게임을 중독유발 원인으로 명확하게 규정하기 위해서는 더 많은 연구가 필요하다는 유보적 입장을 취하였다.

반면에 세계보건기구는 게임중독의 적용 범위를 모든 종류의 게임디바이스, 게임종류, 게임형태, 온·오프서비스 관계없이 디지털 형식으로 서비스되는 모든 게임을 포함시키고 있다. 그러면서도 게임플레이어의 게임중독 여부를 판단할 진단 척도는 제공하고 있지 않다. 가이드라인 성격의 게임중독진단 기준을 제시했을 뿐이다. 미국정신의학회 혹은 이전의 많은 인터넷게임중독 연구들에서 사용되었던 진단기준을 벗어나 누구나 인정할 수 있는 명확한 진단 척도를 제시하지 못하고 있다.

세계보건기구가 게임중독진단 기준으로 제시한 내용은 앞에서 지적하였듯이 게임 플레이어가 12개월 이상 게임을 하고, 게임에 대한 통제 기능을 상실하였거나, 일상생활 속에서 다른 관심사 혹은 일상생활의 다른 일보다 게임을 무엇보다 우선시 하며, 일상생활에서 부정적인 결과가 발생함에도 게임을 중단하지 못 하는 경우를 진단 기준으로 제시하고 있을 뿐이다. 이러한 세계보건기구의 게임중독 진단기준은 면밀히 살펴보면 인터넷중독의 진단 기준에서 크게 벗어나지 못하고 있는 것을 발견할 수 있다. 도박중독척도를 근간으로 하여 설계된 인터넷중독척도와 많은 유사성을 지니고 있다. 킴벌리 영의 인터넷중독척도가 도박중독의 진단척도를 근간으로 마련된 것이라고 볼 때, 세계보건기구의 게임중독진단 기준 역시 도박중독을 기반으로 마련된 게임중독진단 기준이라고 보는 것이 옳을 듯하다.

세계보건기구가 게임중독을 질병코드 분류로 결정하기 이전에 게임중독에 대하여 정신질환 정의를 내렸던 미국정신의학회의 결정에 대하여 《무엇이 인간을 만드는가》에서 심리학자 제롬 케이건(Jerome Kagan)은 미국정신의학회에서 발표한 DSM-5 정신질환 매뉴얼의 정당성에 대한 의구심을 나타냈다. 그는 매뉴얼의 정당성을 믿을지 말지는 그것을 작성한 사람의 지혜를 얼마나 믿느냐에 달려 있다고 언급하였다. 제롬은 DSM-5 매뉴얼에서 언급된 대부분의 정신질환 중에는 그 기원을 따져서 정의된 것이 거의 없다고 비판하였다. 오히려 각각의 정신질환은 흔히 볼 수 없는 행동이나 기분을 보고하는 경우로서 "개인을 치료했던 사례 혹은 일부 사례에서는 그런 개인을 연구했던 전문가의 의견을 바탕으로 정의하고 있다. 매뉴얼에 나오는 질병의 범주 중 확실한 과학적 사실로 뒷받침되고 있는 것은 절반도 안된다"고 주장하였다.

"대다수의 범주는 전문가의 의견을 밑바탕으로 하고 있는데, 이런 의견에 모든 사람들이 동의하는 것은 아니다. 그 결과 현재 나와 있는 기나긴 정신질환 목록의 정당성을 비판하는 책들이 쏟아져 나오고 있다. 예를 들면 이 매뉴얼에는 만성도박을 정신질환으로 분류하고 있지만 매일 동이 트기 전에 일어나 수백만 달러 어치의 증권을 사고파는 투자회사 남녀 종사자들은 이 부류에서 배제하고 있다. 이 남녀들은 도박을 하고 있으며, 온라인으로 혹은 도박장을 찾아 포커를 즐기는 사람들과 마찬가지로 증권매매 활동에서 짜릿함과 중독성을 느끼는 사람이 많다. 만약 업무의 일부로 도박을 하는 것은 정신질환을 말해주는 신호가 아니고, 재미를 위하여 도박하는 것은 정신질환이라고 한다면, 이것은 비논리적인 추론이라고 비판하고 있다." 이러한 주장은 게임중독을 정신질환으로 분류하면, 현재 e-sports의 프로게이머들은 직업으로서 게임 전문가로 활동하고 있으니 건강한 게임플레이어들이고, 재미를 위하여 게임을 하는 플레이어들은 게임중독이라는 정신질환에 해당한다고 진단하는 것과 무엇이 다를까.

수많은 정상적인 상태를 정신질환 목록에 추가시킨 것에 불만을 느낀 정신과 의사 앨런 프랜시스(Allen Frances)는 《정신병을 만드는 사람들》에서 현재의 정신의학과 매뉴얼은 정상적인 사람을 정신질환자로 내몰고 진단 인플레이션을 촉발해서 결국 정신질환 치료제를 남용하는 과잉진료로 이어지고, 의도하지 않았던 해로운 결과를 낳게 될 것이라고 적었다. 불안장애, 우울증, 약물 남용 장애로 진단받은 미국인 두 명 중 한 명은 아무런 치료 없이 3년 안에 고통이 줄어든 평소 상태로 돌아온다는 사실로써 중독의 과잉진료가 자칫 새로운 문제점을 야기할 수 있음을 지적하고 있다. 국내의 많은 게임 전문가들이 우려하는 것도 이와 맥락을 같이한다. 과잉진료로 인하여 게임중독자를 정신질환자로 과도하게 진단하여 발생할 수 있는 국민건강보건학적 문제점을 지적하고 있다.

흔히 게임중독에 노출된 많은 청소년 게임 플레이어들이 정상적인 청소년들에 비하여 '주의력결핍과다행동장애(ADHD)'에 걸릴 위험이 높다는 연구들을 인용하여 정신건강전문가들은 청소년들의 게임중독 현상에 대한 경각심을 높여야 한다고 주장한다. 이러한 현상에 대하여 다른 의견을 개진하는 전문가들도 있다. 오리건 건강과학대학교의 사라 카랄루나스(Sarah Karalunas)가 이끄는 연구진은 ADHD로 진단받은 아이들이 적어도 세 가지 서로 다른 범위에 속한다는 것이다. "한 집단은 주의력이 부족했다. 두 번째 집단은 과도하게 독단적이었다. 세 번째 집단은 화를 잘 내서 걸핏하면 짜증을 내고 충동적 이었다"고 한다. ADHD로 진단 받은 청소년들이 게임중독에 걸릴 가능성이 게임을 즐기지 않는 청소년에 비하여 높다고 판단하는 것은 ADHD의 다양한 범주를 무시하고 게임에 과몰입된 청소년의 충동성에 너무 무게를 실어서, 마치 게임이 ADHD의 주범처럼 관계 설정을 하고 있다. 반면에 많은 연구들은 ADHD로 어려움을 겪고 있는 청소년들은 일정한 시간이 지나 성인에 이르면 자연히 치유될 수 있는 확률이 높은 것이 ADHD라고 한다.

게임중독에 대한 대다수의 심리적 혹은 정신건강 관련 연구들은 게임과의존증이 게임 플레이어의 폭력성, 우울증, ADHD, 극심한 스트레스, 정신발달장애 등을 초래한다고 한다. 그러나 연구들 대다수가 정신적 장애와 게임의존간의 인과관계에 대한 연구는 거의 찾아볼 수 없다. 유전적인 질병 소유자가 게임의존에 더욱 취약한 것인지 아니면 게임의존자가 정신적 장애를 겪을 확률이 높은 것인지에 대한 실증적 데이터 및 연구 등이 턱없이 부족한 것이 사실이다. 게임 플레이어가 위와 같은 공존질환을 갖고 있는 경우에 게임장애를 겪을 확률이 높다는 상관관계 연구들은 간혹 있지만 말이다.

게임의 폭력성

"게임이 플레이어의 폭력성을 유발 한다"는 논쟁은 1980-90년대 비디오게임이 게임시장을 주도하던 시대부터 제기되어 왔던 화두다. 반세기 동안 게임을 둘러싼 논쟁의 주제는 게임 폭력성 문제에 집중되어 왔다. 게임의 원조 국가인 미국에서 불거진 게임 폭력성 문제는 전 세계의 언론 및 사회적 관심사였다. 청소년의 폭력관련 문제가 발생하기만 하면 게임을 주요 원인으로 지목하는 일이 비일비재했다. 게임을 과도하게 이용한 청소년들의 충동적 자기조절 실패가 폭력적으로 변하여 사회적 문제를 일으킨다는 것이 일반적 시각이었다. 게임문화에 대한 대부분의 논문 및 연구들도 게임과 청소년의 폭력 관계를 다룬 것이 80% 이상을 차지하였다.

게임의 폭력성 문제는 전자오락 시대로 거슬러 올라간다. 1960년대 후반에서 1970년대에 걸쳐서 개발되기 시작한 전자오락실 게임기와 가정용 비디오게임기의 상용화는 전자오락 시대를 활짝 열었다. 고성능 반도체와 칼라 디스플레이 장치의 개발은 전자오락을 한 단계 발전시키는 기폭제 역할을 하였다. 전자오락의 인기가 높아지면 높아질수록 그에 비례하여 전자오락 게임의 폭력성에 대한 비난 여론도 높아만 갔다. 특히 1990년대 미국은 권총 소지가 합법화되어 있는 사회 분위기의 영향으로 청소년의 총기 사건이 빈번히 발생하였다. 청소년 총기사건의 주범들이 게임을 오락으로 즐겼다는 것이 문제였다. 또래의 평범한 청소년들도 게임을 오락으로 즐기고 있다는 사실은 외면한 채, 청소년 총기사건의 주범들은 그들이 즐기던 게임의 폭력적 내용을 모방하여 범행에 사용했다는 여론에 의하여 뭇매를 맞았다. 그리고는 게임중독자로 낙인 찍혔다.

1993년 게임 <둠 (DOOM)>과 <모탈컴뱃 (Mortal Kombat)>은

게임 내용의 잔인한 장면들로 인하여 게임폭력성의 원조가 되었다. 이들 게임들은 게임중독 원인 제공자라는 논란의 중심에 서게 되었다. 청소년을 자녀로 둔 부모 및 시민단체, 그리고 정치권에서 조차 게임의 폭력적 내용에 대한 우려의 목소리들이 봇물 터지 듯 나왔다. <둠>과 <모탈컴뱃> 이전의 게임들은 청소년들이 과도하게 시간을 소비하고 있는 단점에도 불구하고, 청소년들이 즐겨 찾는 디지털 오락물 정도로 인식되어 있었기 때문이다. 학부모들은 게임에 대한 정보나 지식이 전무 한 상태였고, 게임을 이용하는 층도 엷었다. 예를 들면 <둠>의 해병 병사가 지옥과 같은 아비규환 속을 질주하면서 악마나 괴물을 추적하며 적들을 닥치는 대로 쏘아 죽이면, 붉은 선혈이 낭자하는 장면들이 출현하였다. <모탈컴뱃>에서 필살기로 케이노가 상대방 가슴에서 심장을 끄집어내고, 스콜피언이 척추와 해골을 잡아 빼는 장면 등의 혐오감 있는 장면과 섬뜩한 장면들은 게임을 폭력의 대명사로 낙인찍는데 좋은 먹이 감이 되었다.

결국 게임의 폭력적 문제 해결을 위하여 세계 최초로 미국에서 게임을 연령에 따라서 즐길 수 있도록 하는 연령별등급심의제도가 마련되었다. 게임물등급심의제도(ESRB, Entertainment Software Rating Board)가 그것이다. 그러나 게임물등급심의제도가 도입된 이후에도 게임의 폭력적 내용과 청소년의 폭력 연관성 문제에 대한 논쟁은 계속되었다. 1999년대 세계 게임 산업은 호황 시기였음에도 불구하고, 잇따른 폭력적 사건과 게임 플레이어의 폭력성 연관 의혹으로 게임은 사회적 지탄에서 벗어날 수 없었다.

　1998년 5월 미국의 아칸소에서 13세 미첼 존슨과 11세 앤드류 골든이 위장 군복을 입고 잡목 사이에 매복하고 있다가 근처 숲속에서 화재 경보에 놀라 뛰쳐나온 학생들을 향해 총을 발사하여, 여학생 4명과 교사 1명의 목숨을 빼앗는 사건이 발생했다. 뒤이어 1999년 4월에는 콜로라도에서 18세 에릭 해리스와 17세 딜런 클레볼드가 엽총 4자루와 사제 폭탄을 콜럼바인 고등학교에 몰래 숨기고 잠입하여 교사 1명을 포함하여 13명을 죽이고, 24명에게 중경상을 입힌 후 현장에서 스스로 목숨을 끊는 참사가 벌어졌다. 특히 콜럼바인 고등학교 사건을 계기로 비슷한 학교 총기 사건은 미국 전역에서 발생하였다. 문제는 이러한 사건의 배후에 폭력적 게임이 원인이라는 입증되지 않은 언론 보도와 소문으로 게임의 폭력성 문제가 심각한 사회문제로 떠오르게 되었다.

　아칸소에서 발생한 총기 사건은 닌텐도 게임의 일인칭 슈팅게임 <007 골든아이>를 미첼과 앤드류가 즐겼다는 사실만으로 폭력적 게임으로 낙인을 찍혔다. 콜럼바인 고등학교 사건의 경우는 뉴스위크지가 "에릭과 딜런은 폭력 게임인 둠에 빠져서 매일 게임을 하였다"고 보도하였고, 타임지는 그들이 사건을 저지르기 전에 미리 <둠> 특별 버전까지 만들었고, 이를 비디오테이프에 담아 실행에 옮겼다고 보도하였다. 이를 계기로 "폭력게임을 즐기는 것과 폭력 행위

간의 연관성에 대한 논란"이 사회적 관심사로 떠오르게 되었다. 이러한 일련의 사건을 계기로 하여 지나치게 게임에 의존 현상을 보이는 플레이어는 학문적·의학적 증거 없이 사회로부터 게임중독자로 낙인찍혔다. 게임 플레이어들이 게임의 폭력적 내용을 즐기면 현실에서도 게임을 모방하여 폭력을 실행에 옮길 가능성이 많다는 모방범죄론을 기정사실화 하는 분위기였다.

《COLUMBINE, 콜럼바인 비극에 대한 완벽한 보고서》를 저술한 데이브 컬런(Dave Cullen)에 따르면, 콜럼바인 사건의 주범인 에릭과 딜런은 분석력이 뛰어났고, 수학의 귀재였고 테크놀로지에 열광해서 전자기기, 컴퓨터, 비디오게임 등의 신기술이 등장할 때마다 넋을 놓고 빠져 들었다고 한다. 그들은 웹사이트를 만들고, 게임에 자신들의 캐릭터와 모험심을 더해 개작하기까지 했다. 각본, 감독, 출연까지 한 짧은 단편 비디오도 많이 찍었다. 사건 후 사이코패스를 수십 년간 연구했던 로버트 헤어 박사는 에릭의 행동 및 심리 상태를 분석한 결과 사이코패스'라는 결론을 내렸다. 로버트 헤어는 "사이코패스는 강력한 유전적 소인을 타고나며 성장 과정에서 학대받거나 방치되면서 이것이 악화된다고 믿는다. 사이코패스와 불안정한 가정환경 사이에 상관관계가 존재한다"고 주장했다. 그러나 콜럼바인 고등학교 사건의 주범 중 한명인 딜런은 심한 우울증에 시달렸다는 것이 나중에 그의 어머니에 의하여 확인되었다.

딜런의 어머니, 수 클리볼드(Sue Klebold)는 2016년 TED에 출현하여 콜럼바인 사건에 대한 자신의 경험과 사건의 실상을 자세히 설명했다. 그녀는 콜럼바인 고등학교 사건 후 자신의 아들 딜런이 총기 살인 사건을 저지른 것에 대하여 어머니로서의 역할을 충실하지 못했음에 대한 미안한 감정과 희생자들에 대한 죄스러운 마음을 이야기하면서 흐느꼈다. 그녀는 딜런이 정신적 취약자로서 우울증이 심했던 것을 알아차리지 못했으며, 아들의 어려움을 미리 예견하여 대처하지 못했던 부모로서 책임감을 절감한다고 했다. 그러면서 그녀는 아직도 미국 사회가 정신적 취약자에 대한 배려가 부족함을 지적하였다. 미국 사회가 정신적 취약자들에게 도움을 줄 수 있는 상담 및 추적 관찰, 이웃 배려같은 시스템적 도움과 정부 차원의 노력이 필요함을 주장하였다. 딜런은 사이코패스 혹은 게임중독자라서 총기사건을 저지른 것이 아니며, 평소 딜런이 시달렸던 우울증을 사전에 인지 못하고, 치료 시기를 놓친 것이 콜럼바인 사건의 주요 원인이였음을 그녀는 증언하였다. 그녀는 사건 후 주위의 많은 정신적 취약 계층을 위한 봉사 활동을 하면서 지냈으며, 기나긴 세월을 견뎌온 아픈 경험을 대중 앞에서 담담히 털어 놓았다.

반면에 한국의 경우에는 1990년초 게임관련 사건들은 청소년들의 건강문제에 초점이 맞춰져 있었다. 초중등 학생들이 발작 증세를 보인다든가, 닌텐도 게임기를 지나치게 이용한 초중등학생들이 일명 손목관절에 이상 증상을 보인 일명 '닌텐도증후군' 등이 그것이다. 이러한 현상이 나타난 것은 일본의 전자오락 게임이나 비디오게임이 국내 게임시장을 장악하고 있던 시기였기 때문이다. 그 후에 게임시장을 주도하던 전자오락 게임이나 비디오게임 시장이 추락하면서 한국에서는 게임관련 사건은 종적을 감추는 듯 했다. 그러다 1990년대 후반에서 2000년대 초 온라인게임이 성행하면서 게임중독이란 단어가 본격적으로 회자되기 시작하였다. 그 시작은 IMF시대를 거치면서 미국 게임개발업체 블리자드사의 전략시뮬레이션 게임 <스타크래프트>와 한국의 NCsoft의 온라인게임 <리니지>가 서비스되면서다. 게임중독이라는 단어가 다시 등장한 것은 PC방의 전국적 확산과 다양한 인터넷게임의 서비스가 본격화됨으로써 게임 플레이어 개인 혹은 집단적 일탈 사건들이 발생하면서다.

2005년 6월 전방GP에서 8명의 희생자를 낸 총기난사 사건이 발생하였다. 범인 김 일병이 국내 게임개발사 드래곤플라이가 개발한 온라인 일인칭 슈팅게임(FPS, First-person shooter)인 <스페셜포스>를 즐겼했다는 언론 보도로 FPS게임을 비롯한 온라인게임에 대한 부정적인 이미지가 한껏 고조되었다. 그 당시 시민단체인 학부모감시단은 <스페셜포스>를 비롯한 FPS게임에 대하여 청소년 유해 매체물로 지정해 달라고 정부에 진정하는 등 사회적 관심을 불러 일으켰다. 2014년 3월에는 20대 아버지가 28개월 된 아들을 살해한 사건이 발생 하였다. 아들의 살해 이유는 자신이 게임을 하러 PC방에 가는 것에 방해가 되어 살해했다는 것이다. 2014년 4월에는 20대 여성이 자신이 분만한 유아를 살해한 사건이 발생했다. 의지할 것이 없던 여성은 오직 현실을 잊기 위하여 게임에만 몰두하였다고 한다. 2018년 10월에는 강서구 PC방에서 김OO씨가 PC방 아르바이트 학생을 살해한 사건이 발생했다. 사건 후에 드러난 사실은 가해자가 생활고를 겪고 있고, 우발적으로 분노조절을 하지 못하여 발생한 사건이었다. 가해자는 평소에 우울증이 심하여 항우울증 약을 장기 복용하고 있었음이 사건 후에 확인되었다. 주위 친구들과 어울리지 못하는 전형적인 은둔형 외톨이였다. 게임과 상관관계가 없는 사건들임에도 게임을 즐기고, PC방에서 사건이 일어났다는 이유로 사건의 가해자들을 게임중독자로 낙인을 찍었던 것이다.

국내 언론과 정부가 나서서 게임중독에 대한 커다란 오해를 불러일으킨 사건도 있었다. 2011년 모 방송사 기자가 게임이 사람 성향을 폭력적으로 만든다는 가설을 입증한다는 명목아래 게임이 진행 중인 PC방의 컴퓨터 전원을 꺼버렸다. 그러자 게임을 즐기던 PC방 이용자들은 당황스러워하며 격한 언행을 보였다. 해당 기자는 이런 상황이 "게임중독과 폭력과의 상관 가능성을 보여주는 장면"이라고 보도하였다. 이는 곧바로 게임업계와 게임플레이어들의 집중적 반론에 맞닥뜨렸고, 언론의 진실보도에 대한 의무와 보도내용에 대한 책임 문제가 사회적 관심사로 떠오르기도 했다.

2015년에는 보건복지부가 게임중독 예방 광고를 내보내면서 게임중독에 대한 논란을 더욱 키웠다. 광고 내용은 다음과 같다. "게임 BGM(Background Music)이 환청처럼 들린 적이 있다. 사물이 게임 캐릭터처럼 보인 적이 있다. 게임을 하지 못하면 불안하다. 가끔 현실과 게임이 구분이 안 된다." 네 가지 상황 중 하나라도 예(긍정답변)가 있다면 게임 중독이 의심된다는 내용 설명과 함께 게임에 중독된 남자가 지나가는 할머니를 폭행하는 영상 장면을 방송하기까지 하였다.

게임 플레이어의 충동성, 자기조절 실패 등이 폭력성으로 변질된다고 믿는 일반적 상황이 이러한 해프닝을 낳은 것이다. 게임과 폭력성과의 인과관계에 대한 명확한 연구물 들이 존재하지 않음에도 불구하고, 청소년들이 게임의 폭력적 장면에 많이 노출되면 게임의 폭력적 장면을 흉내 내어 폭력적 성향을 보인다고 일반화 하였던 것이다. 게임 플레이어들의 폭력성과 폭력적 게임의 상관관계의 연구결과들이 종종 인용되기도 한다. 이러한 현상은 연구자가 연구한 내용은 제한된 범위와 한계에서 연구가 실시되었음에도 불구하고, 연구결과물이 내재하고 있는 연구의 한계 및 적용 범위를 무시하고 일반화하고 있는 것에 문제가 있다. 특히 언론은 이러한 연구물의 한계 및 연구 환경을 무시하고 보도함으로써 일반 국민들에게 연구결과의 사실이 왜곡되게 인식되는 현상을 불러 일으킨다. 학계에서 조차도 우려를 표현하고 있음에도 불구하고 자주 인용되고 있는 것이 현실이다.

게임과 공격적인 행동의 인과관계를 밝히는 명확한 연구결과는 없다. 《게임세대 회사를 점령하다》의 저자 존 벡은 "지난 30년간 미국에서 비디오 게임을 즐기는 이들이 0%에서 100%로 늘어날 때 폭력범죄율은 30%나 줄었다"며 오히려 아이들이 그들의 폭력적인 감정을 게임을 통해 발산할 수도 있다는 주장을 펴기도 했다. 그는 게임 중독성에 대해서도 "중독성이라는게 뒤집어 보면 그만큼 몰입하고 집중을 잘할 수 있다는 것을 의미한다"며 "10년 후에는 오히려 학교에서 가르쳐야할 기본 지식들을 게임의 중독성 효과를 이용해서 해결하게 될 것"이라고 긍정적인 의미를 부여하기도 했다.

실제 미국의 경우, 2012년 1월 코네티컷주 뉴타운 Sandy Hook 초등학교 총기사건 발생으로 야기된 총기사용과 폭력 간의 관계를 규명하기 위하여 오바마 대통령은 미국 질병관리본부에 예산을 지원하여 연구토록 지시하였다. 그러나 이러한 조치는 현실 폭력과 총기사용 간의 연구 예산 지원이지 게임 및 미디어상의 폭력 콘텐츠와 현실세계의 폭력 간의 연구가 아님을 분명히 했다. 2013년 2월 뉴멕시코 해군 시설 총기 사건 발생 시에도 폭력게임과 현실세계 간의 폭력성 상관관계 규명을 위한 연구조사 안 S134(violent Content Research Act)를 민주당 상원의원 제이 록펠러(Jay Rockefeller) 의원이 대표 발의 하였으나, 입법은 무산되었다.

수면장애

물질중독과 행동중독은 여러모로 매우 비슷하다. 둘 다 뇌의 똑같은 부위를 활성화하고 사회적 참여, 사회적 지지, 정신적 자극, 효용성 같은 인간의 기본 욕구를 똑 같이 충족시킨다. 이러한 욕구를 충족하지 못하는 사람들은 물질과 행동 모두에 중독될 가능성이 더 높다고 전문가들은 언급했다. 청소년들의 과도한 인터넷게임중독은 학습시간을 침해하고 수면부족을 야기하는 등 청소년들의 학습권과 수면권을 저해할 수 있다. 이는 청소년들의 정신적, 신체적 건강을 약화시켜 청소년들의 건강한 성장과 발달을 저해하는 요인이 될 수 있는 것이다. 성인도 마찬가지로 수면부족은 정신적, 신체적 건강을 해치는 것은 동일하다.

우리뇌 깊숙이 자리하고 있는 솔방울샘(일명 송과체, pineal gland)은 밤에 멜라토닌이라는 호르몬을 분비한다. 솔방울샘은 시상하부에 있는 시신경교차상핵(suprachiasmatic nucleus)의 지배를 받아 멜라토닌을 만들고 분비한다. 멜라토닌은 빛에 노출되면 분비가 억제되기 때문에 낮에는 적게 분비되고 밤에는 많이 분비된다. 멜라토닌은 사람의 생체 리듬 유지에 중요한 역할을 한다. 즉, 낮이 되면 일어나고, 밤에는 졸리고 체온이 떨어지는 등의 변화에 영향을 준다. 솔방울샘의 이상은 불면증, 시차장애 등을 일으킨다. 멜라토닌은 졸음을 유발한다. 그래서 시차문제를 겪는 사람들이 잠자리를 들기

전 멜라토닌을 섭취한다. 푸른 빛이 안구 뒤쪽을 자극하면 솔방울샘은 멜라토닌 분비를 멈추고 몸은 하루를 시작할 준비를 한다. 솔방울샘은 소아에서는 크고 사춘기 이후 작아진다. 청소년기에는 특히 깊은 수면이 정신건강과 신체건강에 많은 영향을 미친다. 《생체리듬의 과학》을 저술한 사친 판다(Satchin Panda)는 책에서 수면시간의 중요성을 이야기한다. "매일 밤 성인은 수면시간으로 연속해서 8시간을 확보해야 하며, 소아는 10시간을 확보해야 한다. 이 시간은 잠자리를 들고, 자리를 잡고, 잠에 빠져드는 시간까지 다 포함한다. 어린이들은 밤마다 최소 9시간을 잠자야 하고, 어른들은 7시간 이상 자야 한다." 그렇지 않을 경우 건강에 이상 신호를 느낀다. 인간 성장 호르몬 역시 잠자는 동안 분비되는데, 충분한 수면을 취하지 않는 사람들은 성장 호르몬을 적게 생성한다. 특히 어린이들에게는 수면 부족이 중요한 호르몬 분비를 감소시켜서 성장을 저해할 수 있다.

그래서 인터넷게임중독을 이야기 할 때마다 멜라토닌은 화두가 된다. 청소년의 건강권과 수면부족을 방지하기 위하여 한국은 "청소년게임이용시간제한제(가칭 게임중독셧다운제)"를 시행하고 있다. 그 성과에 대한 논란은 아직도 진행 중이지만 적어도 게임중독에 관하여는 정부주도로 게임중독에 대한 예방적 차원에서 이러한 정책을 실시하고 있다. 그러나 청소년들이 심야시간에 과도하게 게임을 이용하는 것을 방지하는 것만으로 게임중독을 예방 할 수 있다면 좋겠지만 현재의 미디어 환경 변화는 그것을 불가능하게 한다. 게임은 이제 스마트폰, 태블릿PC, 휴대용 게임기, 전용게임기, 개인용컴퓨터 등 모든 기기를 이용하여 게임플레이가 가능하고, 일부 게임들은 클라우드를 이용하여 게임서비스를 제공하기 때문에 게임플레이어는 언제 어디서나 게임을 이용할 수 있는 환경이 마련되어 있다. 청소년게임이용시간제한제를 시행할 당시와는 전혀 다른 게임이용 환경으로 변하여 있는 것이다. 국내외 연구자들이 블루스크린(청색광 센서의 밝은 빛)이 몰고 올 건강문제에 대한 논의를 시작했다. 게임플레이 만을 청소년의 수면장애 문제의 원인으로 단정할 수 없다는 것을 인식하였기 때문이다. 블루스크린의 중심에는 스마트폰이 있다. 스마트폰 앱의 생태계는 인간의 생활 패턴 자체를 확 바꾸고 있다. 그곳에서는 모든 경제적 거래뿐만 아니라, 동영상 시청 및 인터넷서비스 이용, 각종 생활정보 습득 및 여가 시간 활용, 교육, 게임 등을 배우고 즐길 수 있다.

《노모포비아》의 저자 만프레드 슈피처(Manfred Spitzer)는 스마트폰이 수면장애를 일으키는 요인을 세 가지로 정리한다. "첫째는 스마트폰은 수면 시간을 물리적으로 감소시킨다. 둘째는 화면 내용이 흥분과 불안을 부추긴다. 셋째는 화면의 푸른 불빛이 수면 호르몬인 멜라토닌의 분비를 방해한다. 낮에 디지털미디어를 많이 사용하는 것은 불면증으로 이어질 수 있다"고 언급하고 있다. 실제로 2012년 2월 박종현외 3인이 조사한 《스마트폰 이용 현황 및 동기》보고서에 따르면, 국내에 스마트폰 보급이 몇 년 되지 않은 상황에서도 이용 실태가 심각함을 직감할 수 있다. 보고서 내용에 따르면 스마트폰 이용자의 일일 평균 스마트폰 이용 시간은 3시간 이상이 전체의 64%였으며, 10시간 이상 이용하는 대량 이용자도 20.6%였다. 남성이 여성보다 스마트폰 이용 시간이 길었으며, 5시간 미만 이용자는 30-40대가, 5시간 이상 이용자는 10-20대가 상대적으로 비율이 높아 젊은 층 일수록 스마트폰을 더 오래 사용하는 대량 이용자였다. 이는 스마트폰이 일반인의 일상 속에 없어서는 안 될 삶의 일부분, 삶의 필수품으로 자리 잡았음을 보여준다.

한국정보화진흥원이 2019년도에 조사한 《스마트폰과의존 실태조사》를 보면, 일, 가사, 학업 중에 스마트폰을 이용한 시간이 청소년(10-19세)의 경우 하루 3시간 이상이 10.1%, 성인(만 20-59세)의 경우는 15%가 3시간 이상을 이용하는 것으로 조사되었다. 10-59세의 스마트폰 이용자의 25% 이상이 일, 가사, 학업 중에 스마트폰을 3시간 이상 사용하는 것으로 나타났다. 또한 스마트폰과의존자군과 일반이용자군의 3시간 이상 스마트폰 이용실태를 비교해 보면, 스마트폰과의존자군의 경우 15%가 일, 가사, 학업 중에 스마트폰을 이용하는 것으로 조사된 반면, 일반이용자군은 7.2%로 나타나 스마트폰과의존군이 일반이용자군에 비하여 2배 이상 스마트폰을 일, 가사, 학업 중에 이용한 것으로 나타났다.

이러한 결과는 일, 가사, 학업에 방해 요소가 스마트폰이 주요인이며, 스마트폰과의존자의 스마트폰이용이 일상생활의 장애요인라는 것을 보여준다. 실제로 스마트폰이 옆에 있으면, 집중하기 힘들다는 응답이 전체 응답자의 39.4%를 차지하고, 스마트폰과의존자의 경우에는 81.7%를 차지하고 있다. 스마트폰과의존자의 경우에도 고위험군과 잠재적 위험군을 분리하여 보면 심각성은 더한다. 고위험군의 경우 98.1%, 잠재적위험군의 경우가 79.3%로 나타나 일반이용자군의 21.1%에 비하여 고위험군과 잠재적위험군의 스마트폰과의존비율이 4-5배 높았다. 스마트폰과의존자의 일, 가사, 학업 집중에 얼마나 스마트폰이 장애물 역할을 하는지를 보여주고 있다. 만드레 슈피처에 의하면 "스마트폰은 단순히 곁에 있는 것만으로도 인지 능력을 침해하고, 정신병리학에서 사고장애라고 부른다고 한다. 스마트폰에 의존적일수록 장애는 더 커지며, 스마트폰을 꺼두거나 화면을 바닥으로 뒤집어놓는 것도 별 도움이 안된다"고 한다.

스마트폰을 비롯한 디지털미디어의 과다사용은 결국 잠자리에 들 시간을 늦추게 하고, 스마트폰의 24시간 휴대 현상은 수면방해의 요소로 작용할 수 있음을 짐작케 한다. 국내에서 인터넷중독실태조사를 처음 실시했던 한국정보화진흥원이 인터넷중독실태조사를 《스마트폰과의존 실태조사》로 명칭을 변경하고, 조사대상 미디어를 스마트폰, 아이패드와 같은 스마트패드 등의 이용자들을 조사대상자로 정책을 전환한 것은 스마트폰 의존의 심각성에 대처하기 위한 조치일 것이다. 스마트폰과의존실태조사로 방향을 수정한 것은 휴대용

기기로 인터넷을 접속할 수 있는 미디어환경의 변화에 발맞춘 정책적 전환 사례다. 그만큼 스마트폰을 포함하여 휴대성이 강화된 디지털미디어의 보급 확산은 이용자의 정보습득과 취미, 오락의 패러다임 변화를 촉진시키고 있다. 동시에 이용에 따른 부작용도 많이 발생시킬 확률이 높다는 것을 짐작할 수 있다. 청소년의 수면부족 문제 뿐 만 아니라 성인들의 수면부족 문제는 한발짝 우리에게 다가와 있는 해결 과제인 것만은 확실하다.

스마트폰에 과의존하는 생활환경의 변화는 거스를 수 없는 문화현상이 되었다. 특히 COVID-19 팬데믹시대를 겪으면서 스마트폰은 일상생활에서 방역을 위한 정보 유통뿐만 아니라, 전 세계인들이 소통할 수 있는 개인 매체로서의 역할을 톡톡히 보여줌으로써 스마트폰의 생활 속 역할은 더욱 늘어만 갈 것이다. 오락매체로서의 역할은 언급할 필요도 없다. 그러나 밤늦게 잠을 이루지 못하는 스마트폰 이용자들이 게임을 하기 위하여 잠을 설친다는 것은 섣부른 판단이다. 밤늦게 도착하는 문자메시지와 SNS의 알림톡, 유튜브와 같은 동영상 공유사이트들의 이용 등이 스마트폰 과의존의 주범임을 알아야 한다. 노모포비아가 스마트폰 게임 만의 문제는 아닐 것이다.

도파민

도파민은 뇌의 여러 부위에서 생성된다. 운동을 조절하고 보상과 쾌락에 대한 반응 방식을 형성하는 데 중요한 역할을 담당한다. 중독자가 중독을 야기하는 물질이나 행위를 추구할 때마다 이런 악순환이 되풀이되며, 뇌는 그런 사태가 벌어질 때마다 점점 더 도파민 분비량을 줄인다. 도파민은 1957년 영국의 캐슬린 몬터규(Kathleen Montagu)에 의하여 발견된 뇌 속 화학물질로서 인간으로 하여금 쾌감을 느끼게 하는 호르몬이다. 연구자들은 도파민을 쾌락분자(pleasure molecule)라고 부른다. 이러한 도파민이 만드는 반응을 보상회로(reward circuit)라고 한다. 《도파민형 인간》의 저자인 러버먼(Daniel Z.Lieberman)은 도파민을 다음과 같이 진단하고 있다. "도파민은 쾌락과 아무 상관이 없다. 정확히 말하면 쾌락보다 훨씬 더 섬세하고 심층적인 감정을 전달하는 것이 도파민의 진짜 역할이다. 인간은 익숙한 것에는 금방 싫증을 내고, 흥미를 잃는다. 그래서 인간은 새로운 것에 호기심과 관심이 많다. 예측 불가능한 일들을 갈망한다. 이 현상을 과학자들은 '보상예측오류(reward prediction error)'라고 부른다. 그는 보상예측오류만으로도 도파민은 활성화된다."

반면에 애담 알토는 도파민에 대하여 다음과 같이 설명하고 있다. "과거에는 행위도 쾌락을 유발하기는 하지만 마약과 알코올 남용처럼 심각한 결과를 낳지는 않는다고들 생각했다. 그러나 최근 연구결과들은 행동중독도 마약 남용과 똑같은 뇌반응을 일으킨다는 사실을 보여준다. 둘 다 깊숙이 위치한 여러 부위에서 도파민이라는 화학

물질을 분비하는 데 이 물질은 뇌 전체에 퍼져 있는 수용체 들에 달라붙어 강렬한 쾌감을 불러일으킨다. 보통 뇌는 도파민을 아주 소량만 분비하지만 특정한 물질과 중독 체험은 도파민을 과다 분비하게 만든다. 중독으로 인한 쾌락이 너무 클 때 뇌는 두가지 일을 한다. 첫째, 넘쳐나는 희열을 억제하기 위해 도파민 분비량을 줄인다. 둘째, 희열을 야기한 원인이 사라지면 이제 평소보다 훨씬 적은 양의 도파민이 분비되는 상황에 대처하느라 고군분투한다." 도파민 분비가 갈망이나 욕구, 욕망 등의 효과를 추구한다고 신경과학자들은 말하지만 이런 경험들이 만족이나 쾌락 혹은 보상의 본 모습은 아니다. 도파민의 주요 기능은 우리에게 쾌락이나 행복을 주는 것이 아니라 쾌락이나 행복을 추구하게 하는 것이기 때문이다.

미국 아이오와 주립대학교의 심리학자 더글로스 젠틸레(Douglas Gentile)는 비디오게임을 하는 8세에서 18세 사이 청소년 10명 중 1명이 대인관계 혹은 학업에 지장을 받거나 심리적 이상이 생길 정도로 게임에 중독되었다는 연구결과를 밝혔다. 이러한 연구보고서는 심리학자 킴벌리 영이 인터넷게임을 인터넷중독의 하위유형으로 분류하고 행동중독으로 연구보고 한 이래로 끊임없이 국내외학술지에 연구 보고된 내용이다. 대체로 비슷한 연구결과들의 내용을 종합해 보면 다음과 같이 요약할 수 있다.

성인의 경우는 비디오게임에 푹 빠지는 경우가 흔치 않은 반면에 청소년은 아직 뇌가 미성숙한 까닭에 마치 뇌 손상을 입은 성인처럼 행동한다. 특히 20대 초반은 되어야 완전히 발달하는 전두엽의 기능이 청소년의 경우에는 미숙하기 때문이다. 그래서 게임 프로그래머는 플레이어가 로그아웃하기 힘들도록 도파민 분비를 끊임없이 촉진하는 요소들을 게임 곳곳에 심어놓아 꿈과 환상의 게임세계로 끌어들인다. 게임에 접속하는 순간 플레이어는 판타지의 주인공이 된다. 게임은 현실세계를 싫어하는 도파민에게 더없이 최적화된 활동 무대를 제공한다. 그래서 플레이어는 수시로 변모하는 신세계를 탐험하느라 지루할 틈이 없다. 그러다 보니 전두엽의 신피질에 위치한 도파민욕망회로를 통제하지 못하여 게임중독에 빠지게 된다는 것이다.

게임은 "인간이 시각으로 받아들인 정보를 뇌에서 인지하도록 뇌어 있는 가상세계"를 모방한 것이다. 인간은 원래 시각 정보를 뇌에서 가상으로 받아들인다는 것이 현대 뇌 과학자들의 정설이다. 게임플레이어는 좋아하는 게임을 선택하고, 게임을 시작하면서 자신이 주인공이 되어 게임 세계를 탐험하며, 게임을 이끈다. 게임플레이어는 퀘스트를 받고 그것을 완수하고자 각종 아이템을 획득하고, 자신의 레벨을 올리고자 게임 속에서 각종 모험을 한다. 비록 그것이 비천한 게임 속의 구걸 행위라도 자신의 시간과 노력을 기울여서 목적을 달성하고자 한다. 어떤 때는 게임 속의 능력치를 얻고자 게임이 자동으로 진행되도록 게임을 활성화한 상태로 방치하기도 한다. 게임플레이어는 점차 게임에 익숙해지면서 자신의 시간과 기술도 필요하지만,

행운도 필요하다는 것을 깨닫는다. 그래서 게임 진행에 필요한 아이템을 얻기 위하여 확률형 아이템에 베팅하거나 아이템 거래를 한다. 게임세계는 시간 투자와 기술, 행운이 없이는 상위 레벨의 게임 고수가 될 수 없기 때문이다.

《왜 나는 항상 결심만 할까》에서 켈리 멕고니걸은 보상체계를 이용한 예로 컴퓨터게임과 비디오게임을 언급하였다. 즉 게임 제작자들은 보상체계를 조종해서 플레이어들이 게임에서 빠져 나오지 못하게 한다. 금방이라도 다음 단계로 올라서거나 큰 승리를 거둘 것이라는 약속 때문에 게임은 저항하기 어려운 상대가 되며, 게임을 중간에 그만두기 힘들다. 예측이 불가능함으로 도파민은 계속 분출된다. 어떤 연구는 비디오게임을 하면 암페타민을 복용할 때와 동일하게 도파민이 증가한다고 밝혔다. 그의 관점에서 보면 게임의 이러한 특성은 게임이 오락거리 역할을 할 때든 플레이어를 비윤리적으로 착취할 때든 여러모로 유용하게 쓰인다고 한다. 게임기를 집어든 사람 모두가 병적으로 빠져 들지는 않는다. 다만 이런 자극에 약한 사람들에게 게임이란 마약만큼이나 중독이 강할 뿐이다.

전두엽과 전두엽의 피질하 도파민회로가 게임중독에 관여한다고 하는 연구들이 간헐적으로 나오고 있다. 게임중독자의 뇌 도파민 과다 분비를 마약 중독자의 뇌와 비교하기 위하여 뇌영상 촬영을 실시한다. 그 결과 게임중독자는 마약중독자와 비슷하게 도파민 과다분비로 쾌락적 욕망에 사로잡혀 게임 속의 보상에 집착하며, 게임의 쾌락에 빠져서 현실과 가상을 구별하지 못한다는 것이다. 이것은 게임의 본래적 기능에 대한 몰이해에서 비롯된 것이다.

게임은 쾌락을 추구하는 오락이 아니다. 즐거움을 찾는 엔터테인먼트다. 게임은 알코올, 도박, 섹스와 같이 쾌락을 추구하지 않는다. 심리학자 칙센트 미하이가 언급했듯이 게임에 사람들이 몰입하는 것은 쾌락(pleasure, 욕구가 충족되었을 때 가지는 감정이나 느낌이다)을 위해서가 아니고, 즐거움(enjoyment)을 찾기 위함이다. 게임은 도파민의 욕망회로를 통제하는 회로와 도파민의 욕망회로 사이를 수없이 반복하면 게임플레이어가 스트레스에서 벗어나도록 도움을 준다. 행동과학자 스키너(B.F.Skinner)가 말한 간헐적 보상이 지속적 보상보다 행동에 미치는 영향이 크다는 것을 게임개발자들은 알고 있다. 간헐적 보상은 지속적 보상보다 인간행동에 보상예측오류를 촉발시킨다. 그래서 게임플레이어는 게임 속의 보상을 얻기 위하여 부단한 노력을 하며, 게임 실력을 키운다. 도박처럼 행운에 기대어 무리한 베팅 행위를 하지 않는다.

도파민은 신경전달물질이다. 어떤 행동을 할 때 도파민은 분비된다. 도파민은 뇌에서 운동, 동기부여, 각성, 강화, 보상 등을 조절하는 역할을 한다. 그래서 도파민이 많으면 행복과 쾌감, 의욕과 흥미를 느끼고, 부족하면 행복과 쾌감, 의욕과 흥미가 떨어지게 된다. 게임을 과다 이용하는 청소년의 뇌 도파민 수치를 fMRI로 촬영하여 게임중독과 도파민 상관관계를 연구한 보고서들이 간헐적으로 보고된다. 게임중독자 뇌의 도파민 수치가 fMRI로 촬영한 결과 정상적 청소년 뇌의 도파민 수치보다 높게 나왔다는 것이다. 그러나 이들 연구보고서들 조차도 내용을 깊게 들여다보면 다른 의미 있는 내용을 발견하게 된다. 연구결과 게임중독자의 도파민 수치가 정상적 청소년에 비하여 도파민 수치가 높게 나왔지만, 도파민 수치가 높게 나왔다는 결과만 가지고 게임중독자라고 결론지을 수 없다고 연구자들 스스로 밝히고 있는 것이 일반적이다.

스마트폰 게임의존

2007년 스마트폰이 시장에 나온 이후 이전의 피처 폰에서 경험하지 못한 새로운 세상을 우리는 겪고 있다. 스마트폰을 통하여 쇼핑을 하고, 학습을 하고, 소통을 하고, 사진 및 동영상을 찍고 친구와 공유하고, 게임 등을 한다. 이와 같이 현실생활에서 가능한 모든 일들이 스마트폰으로 가능하게 되었다. 그래서 스마트폰 경제란 말까지 등장했다. 영국의 경제주간지 이코노미스트도 2015년 스마트폰을 자신의 장기인 심장, 신장 등과 같이 항상 같이해야 하는 장기로 인식하는 인간을 지혜로운 인간이라는 뜻의 '호모사피엔스' 앞부분에 폰(phone)을 붙여 '포노사피엔스'라 칭하기도 했다. 그만큼 스마트폰이 우리에게 몰고 온 사회·문화적 변화는 가히 충격적이라고 할 수 있다. 2015년 중국에서는 저두족이라는 말이 유행하였다. 저두족(低頭族)이란 스마트폰에 빠져서 좀처럼 고개를 들지 않는 사람을 일컫는 신조어다. 영어로는 퍼빙(phubbing)에 해당한다. 퍼빙도 폰(phone)과 무시·냉대를 뜻하는 스너빙(snubbing)을 조합한 것이다. 중국에서도 스마트폰 이용자가 늘면서 가정에서의 변화가 심각하였던 모양이다. 가정에서도 밥을 먹으면서 부모들이 자녀들과의 대화보다는 스마트폰을 들여다 보는 현상이 일반화되었고, 집밖의 모임에서도 다들 스마트폰을 들여다보면서 대화를 이어가기에 공감적인 대화가 오가지 못하는 현상이 비일비재하다. 이러한 현상은 비단 중국만이 아니라, 한국을 비롯한 모든 국가에서 일어나고 있는 현상이다.

2016년 이탈리아 영화 <퍼펙트 스트레인저>를 리메이크한 국산 영화 <완벽한 타인(감독 이재규. 2018.10.31.개봉)>은 스마트폰이 현대인의 개인화된 비밀 기기임을 증명한다. 영화는 어느 날 석호의 집들이에 34년 지기 초등학교 동창생(1명의 친구 순대는 제외하고) 태수, 준모, 영배 3인이 초대되면서 시작된다. 이혼한 영배를 제외하고 각자 배우자를 동반한다. 저녁 식사자리에서 석호의 아내인 예진이 "순대가 불륜이 들통나서 이혼을 했다"는 이야기 도중에 하나의 게임을 제안한다. 게임은 모두 핸드폰을 식탁 위에 올려놓고, 저녁을 먹는 동안 핸드폰으로 걸려온 모든 내용(전화, 문자, 카톡, 이메일 등)을 공유하는 게임이다. 모두들 마음은 내키지 않았지만 예진의 '무언가 찔리는 게 있느냐'는 말에 어쩔 수 없이 모두가 동의하고 게임을 시작한다. 그렇게 시작된 게임은 서로에게 좀처럼 밖으로 드러내지 않고 있던 부부간의 갈등, 성의 정체성 문제, 배우자의 투자 실패, 배우자의 외도 등 각자가 숨겨왔던 비밀이 서서히 핸드폰을 통하여 밝혀지면서 긴장감이 감돈다. 영화는 숨겨왔던 비밀이 석호의 반대로 게임을 실제로 하지 않은 것으로 끝맺음하면서 모든 비밀이 지켜지고 그들 모두는 행복한 해피엔딩을 맞는다. 작가는 <완벽한 타인>을 통하여 스마트폰이 개인 사생활의 저장 공간이며 개인의 은밀한 비밀 기기임을 서서히 드러낸다. 그들의 게임은 스마트폰을 통하여 자신들이 완벽한 타인임을 증명한다.

스마트폰은 철저하게 개인화된 기기다. 그 속에는 개인의 각종 비밀과 정보, 지식이 담겨 있다. 현대인은 잠자리에서 일어나는 순간부터 저녁 잠자리에 들기까지 휴대폰을 손에서 놓지 않는다. 심지어 잠자는 시간에도 스마트폰은 울림을 통하여 스마트폰의 주인을 깨운다. 이러한 현상을 일컬어서 스마트폰에 중독된 사람을 '노모포비아(Nomophobia;No mobile-phone phobia)'[2] 라 흔히 불린다. 간혹 스마트폰은 현대인에게 새로운 문명의 혜택인 동시에 건강의 적이며, 공동체 파괴의 원인으로 지목되기도 한다. 특히 스마트폰을 통한 게임 이용자층이 넓어지면서 게임업계는 다양한 게임들을 앱 시장에 내놓고 시장 선점을 위한 마케팅에 온 힘을 쏟고 있다. 그러다보니 스마트폰게임 이용자층이 빠르게 늘고 있다. 국내 스마트폰 게임의 돌풍을 일으켰던 애니팡의 예는 좋은 사례가 될 듯하다.

<애니팡(Anipang)>은 선데이토즈가 만든 싸이월드 앱스토어와 네이버 소셜 앱스를 기반으로 한 플래시 게임이자 카카오톡을 기반으로 한 모바일 퍼즐 게임이다. 사용자간 점수 경쟁을 할 수 있는 시스템으로 이루어진 소셜 네트워크 게임이다. 2009년 9월에 싸이월드 앱스토어에 출시되었고, 2012년 7월 30일 안드로이드 버전으로 출시되었다. 서비스 시작 70여일 만에 다운로드 건수 2,000만을 돌파하였다. 국내 사용자만으로 다운로드 수 2,000만을 넘긴 게임은 애니팡이 처음이었다. 2012년 당시 국내 스마트폰 가입자 수를 감안할 때 스마트폰 이용자 세 명 중 두 명이 애니팡을 다운로드 받았다고 알려져 있다. 그 당시 게임의 인기로 카카오톡 측은 게임사업 분야 직원 공개 채용에 애니팡 20만점 이상의 게임 고득점자를 우대한다는 조건을 내걸기도 했을 정도였다.(출처;위키피디아)

　　애니팡은 제한 시간 1분 동안 같은 동물 세 마리 이상을 가로, 세로로 맞춰 없애는 게임이다. 일정한 게이지가 차면 폭탄이 설치되며 폭탄을 누르면 그 폭탄이 설치된 가로, 세로의 모든 동물이 터진다. 같은 줄에 있는 네 마리를 동시에 맞춰 터뜨리면 반짝이면서 웃는 모습의 동물이 나오고, 동물이 터질 때 주위 동물도 같이 터뜨린다. 다섯 마리를 동시에 맞춰 터뜨리면 랜덤팡이 설치되고, 랜덤팡은 한 종류의 동물들을 모두 터뜨린다. 게임을 1분 동안하기 위해서는 하트 하나가 필요하다. 게임에서는 8분에 하나씩 하트가 새로 주어진다. 최대 다섯 개까지 채워지지만 돈을 주고 구입할 수도 있고, 친구를 초

대하거나 애니팡을 이용하는 다른 유저에게서 선물을 받을 수도 있다. 게임이 쉽고 간단하다보니 남녀노소가 즐기는 게임이 되었다. 그래서 국민게임이라는 별칭으로 불리기도 했다. 스마트폰 게임의 위력이 얼마나 대단한 것임을 증명하였다. 이런 인기에도 불구하고 애니팡 게임에 대한 우려의 목소리도 커져만 갔다. 한 언론사의 보도에서 보듯 그 당시 애니팡 게임이 사회적 문제로 부각되기도 했다. 게임업계는 게임에 대한 부정적 인식이 확산되는 것은 아닌지 숨죽이고 상황을 지켜볼 수밖에 없었다.

"서울 양천구 S중학교 2학년 A 군은 요즘 밤낮없이 한 시간마다 고등학생인 동네 형에게 애니팡 하트를 상납하고 있다. 실수로 하트를 보내지 않거나 늦을 때는 여지없이 독촉 메시지가 날아온다. A 군은 "잘 때도, 수업시간에도 하트를 보내야 하니 스마트폰을 손에서 놓을 수가 없다"며 "애니팡 때문에 아무것도 할 수 없을 지경"이라고 호소했다. 청소년들 사이에서는 학교폭력에 사용하는 '빵 셔틀(빵을 나르는 학생)'에 비유해 '애니팡 하트 셔틀'이란 말까지 등장했다. 애니팡이 고통으로 변하는 이유는 1분 동안 진행되는 게임 한 판을 할 때마다 하트가 1개씩 필요하기 때문. 처음 시작할 때 5개밖에 주어지지 않아 금방 동이 난다. 하트를 구하는 방법은 8분마다 1개씩 생기는 하트를 기다리거나 돈을 주고 사야 한다. 아니면 남에게서 하트를 선물 받거나 친구를 초대하면 한 개가 생긴다. 이 때문에 돈을 주고 사기가 아깝거나 일일이 초대하기 싫은 학생들이 약한 친구를 위협해 수시로 하트를 공급받는 것이다. K중학교 강모 교사(29·여)는 "수업시간에도 애니팡에 몰두하는 학생이 상당수"라며 "한시도 게임을 멈출 수 없으니 하트를 넉넉히 쌓아놓기 위해 친구들을 괴롭히는 것 같다"고 말했다. 직장에서도 하트 셔틀이 성행한다. 의류업체 대리 최모씨(29·여)는 애니팡을 즐기는 직장 상사를 위해 하트 셔틀을 자처했다. 최 씨는 "애니팡을 하지 않지만 상사에게 센스 있는 부하 직원이 되기 위해 하트 셔틀을 매일 하고 있다"며 "상사가 지나가는 말로 하트 잘 받았다고 이야기할 때마다 압박감을 느낀다"고 말했다. 영업사원인 나모씨(30)는 "거래처 직원이 애니팡을 즐기면 관리 차원에서라도 하트를 챙겨준다"고 말했다. 애니팡 하트는 구하려면 돈이 들거나 번거롭지만 남에게 주는 건 하루 50개까지 아무 비용 없이 줄 수 있기 때문에 하트 선물을 남발하는 이용자가 많다. 먼저 선물하면 상대방도 답례로 줄 것이란 기대에서다. 이 때문에 무작위 하트 제공 문자 때문에 밤잠을 설치는 일도 다반사다. 직장인 하모씨(43)는 "새벽에도 휴대전화가 울려 잠을 깨면 누군가가 보낸 애니팡 하트 문자인 경우가 대부분"이라며 "전화기를 꺼놓지 않는 한 방법이 없다"고 말했다. (동아일보.2012.10.6.일 보도자료)

애니팡은 영국 게임업체 King.com이 개발하여 성공을 거둔 <캔디 크러쉬 사가(Candy Crush Saga)>와 비교되기도 하였다. <캔디 크러쉬 사가>는 인기가 절정에 달했을 때인 2013년의 경우 하루에 60만 달러 이상의 매출을 기록했다. 스마트폰이나 페이스북 등을 통하여 게임을 다운로드한 사람이 약 10억 명 정도였다고 하니 놀라운 일이다. 똑같은 캔디를 상하좌우로 옮겨서 세라인 이상 나란히 정렬하는 단순한 게임으로 나란히 정렬한 캔디는 사라지고, 그 위에 있던 캔디가 내려와 빈자리를 메꾼다. 더 이상 짝을 지울 수 없는 캔디가 화면을 가득 채우면 게임은 끝난다.

스마트폰에서 즐기는 게임은 장르 구분없이 접근성과 휴대성 등이 여타 게임미디어에 비하여 장점을 갖고 있어, 게임 유저 층의 유입이 용이하고, 다른 게임미디어에 비하여 규제가 덜하다 보니 성장세가 가파르다. 게임개발사들의 경쟁이 치열한 시장이 될 수밖에 없다. 그렇다보니 게임을 즐기는 플레이어들은 개인화된 모바일 게임에 쉽게 몰입된다. 게임플레이어의 입장에서는 또 하나의 게임을 이용할 수 있는 디지털미디어를 갖게 된 셈이다. 게임이용자 측면에서는 쉬운 접근성과 간편성, 휴대성 측면에서 어떤 게임미디어보다 장점이 있는 게임기로 인식할 수밖에 없다. 현실이 이렇다보니 인터넷게임중독에 대한 논란이 정리되지도 않은 시점에서 스마트폰으로 제공되는 다양한 형식의 게임은 게임중독 연구자를 비롯한 주변인들을 당혹감 속에 빠뜨린다. 스마트폰 이용자의 습관에 따라서 각 개인마다 좋아하는 서비스가 다르고, 스마트폰이 제공하는 서비스 중에 하나의 서비스를 특정하여 스마트폰 이용자가 하나의 서비스에 중독 성향을 보인다고 판별하기가 애매해졌다. 그렇다보니 스마트폰이용자들의 과의존에 대한 연구들이 스마트폰에서 제공되는 한두 가지의 서비스를 특정하여 중독 성향을 진단하기보다는 스마트폰 중독이라는 표현으로 일반화하여 사용하고 있다. 인터넷중독 논란의 과정을 똑같이 밟고 있다는 느낌이 든다.

실제로 한국정보화진흥원이 2019년에 발간한 《스마트폰과의존 실태조사》보고서를 보면 알 수 있다. 과거 2004년부터 실시하던 《인터넷중독 실태조사》에서 《스마트폰과의존 실태조사》로 2017년부터 방향을 전환하여 전 국민을 대상으로 중독실태조사를 실시하고 있다. 2011년에 스마트폰과의존척도를 개발하고, 2015년에는 유·아동용 스마트폰선별척도를 개발하였다. 그 후 스마트폰 중독을 기정사실화하여 전 국민을 대상으로 조사를 실시한 것은 2017년부터다. 아직 스마트폰과의존에 대한 중독성 판별을 가늠할 연구 및 조사들이 국내외 학계에서 아직 미진한 것을 감안하더라도 정부 차원에서 국가공인 통계로 스마트폰과의존실태조사를 실시하는 것은 세계에서 유일한 국가일 것이다. 스마트폰과의존을 둘러싼 문제들을 사전 예방한다는 차원에서 나온 선제적 대응 정책일 것이다. 국내 스마트폰 이용자가 2014년 말에 이미 4,000만대를 넘어섰다. 스마트폰이 우리 생활에 깊이 영향을 미칠 수밖에 없는 환경이 오래전에 조성되었다는 것을 알 수 있다.

2017년 한국정보화진흥원이 전국민을 대상으로 실시한 《스마트폰과의존 실태조사》에 따르면 전체 대상자 28,592명(만3세-69세)

중 20%가 스마트폰과의존위험군(고위험군과 잠재적 위험군을 합산)으로 분류되었다.[3] 스마트폰 이용자의 5명중 1명은 스마트폰과의존위험군에 해당한다고 볼 수 있다. 청소년의 스마트폰과의존위험군은 30.2%로 나타나 대상군 중에 제일 높은 수치를 나타냈다. 특히 스마트폰과의존군의 과의존 원인 및 영향 요인 평가에서는 스마트폰과의존군이 스마트폰일반사용자군에 비하여 전자책/웹툰/웹소설, 게임, 교육, 라디오/팟캐스트, SNS 등의 순서로 더 많이 이용하는 것으로 조사되었다. 또한 스마트폰과의존위험군(26.8%)이 일반이용자군(14.9%)에 비하여 여가활동으로 게임/인터넷 검색 등에 1.8배 정도 더 많이 시간을 소비하고 있는 것으로 조사되었다. 그러나 스마트폰과의존군이나 일반사용자군 모두 정도의 차이는 있지만 스마트폰을 통하여 다양한 서비스를 이용하고 있었다. 양쪽 군 모두 스마트폰을 이용하여 게임을 즐기지만 스마트폰이 게임을 플레이하기 위한 목적으로만 이용하고는 있지 않았다. 그렇다보니 스마트폰을 이용하여 게임을 즐기는 이용자들 중에서 게임중독자를 판별해 내는데 어려움에 봉착할 수밖에 없었다.

스마트폰과의존위험군이 일반이용자군에 비하여 여가활동으로 게임/인터넷검색 등을 위하여 스마트폰을 많이 이용한다고 하더라도 스마트폰을 손에 넣는 순간에 스마트폰 이용자는 게임을 즐기는 중에도 웹툰, 유튜브 등 다른 서비스도 이용한다. 그리고 다시 게임으로 되돌아와서 이용하는 패턴을 보이는 것이 일반적 현상이다. 스마트폰에 무선 인터넷이 연결되어 있는 상태에서는 스마트폰 이용자는 다양한 서비스에 언제나 접속할 수 있는 준비 상태에 놓여 있기 때문이다. 이것은 우리가 인터넷게임중독에 대한 연구와 접근 방법을 새롭게 모색하여야 할 환경에 놓여 있다는 것을 깨닫게 한다.

이미 한국은 스마트폰 가입자 수가 2019년 12월말 기준으로 5,113만 명을 넘어서 1인 1스마트폰 시대를 넘어선지 오래다. 스마트폰은 통화라는 기본 기능을 뛰어 넘어서 개인 정보단말기와 기록 매체, 상거래 플랫폼으로서의 역할 뿐만 아니라, 오락, 영화 등 엔터테인먼트를 즐길 수 있는 미디어로서의 기능도 함께 수행하고 있다. 이제 스마트폰이 없는 세상은 상상할 수도 없고, 스마트폰 기술의 발달로 다양한 서비스의 출현은 더욱 가속화 될 것이다. 스마트폰에 AI와 가상현실, 증강현실 기술이 접목되면 될수록 스마트폰은 오락 매체로서의 기능을 더욱 강화하게 될 것이다.

덧붙여

1. 1970년대 제3의 용어인 반사회적인격장애(APD, antisocial personality disorder)가 도입되었다. 《정신장애진단 및 통계편람》 최신판에는 이 용어만 수록되었다.

2. 스마트폰 등 휴대전화가 없을 때 초조해하거나 불안감을 느끼는 증상을 일컫는 말이다. 휴대전화 중독이나 휴대전화 금단현상이라 할 수 있겠다. 휴대전화를 수시로 만지작거리거나 손에서 떨어진 상태로 5분도 채 버티지 못한다면 노모포비아 증후군이라고 해도 무방하다. 강제로 휴대전화 사용을 제지당했을 때 폭력적인 반응을 보이면 역시 노모포비아에 해당한다.

    노모포비아는 전 세계적인 현상이다. 2012년 3월 인터넷 보안전문업체 시큐어엔보이는 영국 국민 1,000명을 상대로 설문 조사를 벌인 결과 응답자의 66퍼센트가 휴대전화가 없을 때 노모포비아로 고통받고 있다고 밝혔다. 이는 4년 전보다 11퍼센트가 늘어난 것이다. 노모포비아를 겪는 사람 중 25퍼센트는 휴대전화 사용 도중 사고를 당한 경험이 있으며 20퍼센트는 과도한 메시지로 손가락 통증을 호소하기도 했다. CNN은 노모포비아의 대표적인 증상은 권태, 외로움, 불안함이며 하루 세 시간 이상 휴대폰을 사용하는 사람들은 노모포비아에 걸릴 가능성이 높고, 스마트폰 때문에 인터넷 접속이 늘어나면서 노모포비아가 확산일로에 놓여 있다고 진단했다. 네이버 지식백과. 노모포비아 [Nomophobia] 트렌드 지식사전, 2013. 8.

5., 김환표

3. 고위험군은 스마트폰 사용에 대한 통제력을 상실한 상태로 대인관계 갈등이나 일상의 역할문제, 건강문제 등이 심각하게 발생한 상태를 말한다. 잠재적 위험군은 스마트폰 사용에 대한 조절력이 약하된 상태로 대인관계 갈등이나 일상의 역할에 문제가 발생하기 시작한 단계를 말한다. 일반사용자군은 스마트폰을 조절된 형태로 사용하는 형태를 말한다. 한국정보화진흥원

4장. 게임중독

5장. 게임중독 진단척도의 현주소

"사람들은 자신의 논리가 빈약하다고 느낄 때 목소리를 높인다."
– 새무얼 존슨

5장. 게임중독 진단척도의 현주소

논란에 휩싸인 척도

　WHO의 권고대로 게임을 질병으로 분류하고, 신경정신과적 치료를 실시할 경우에 한국의 경제적 손실을 계산한 2020년 유병준외 2인의 연구보고서 《(ICD-11)게임이용 장애 질병 분류의 경제효과 분석연구》에 따르면 국내 생산 감소효과는 약 5.25조원이며, 고용기회의 상실효과는 약 34,000명으로 예측하였다. 2018년 국내게임시장 규모가 14조 원 가량이었으니, 게임이 질병코드로 분류되면 게임시장이 침체기로 빠질 수 있다는 우려감이 느껴진다. 연구보고서의 조사 항목 중 게임이용장애의 질병코드 등록에 대한 인식조사 항목이 있다. 설문응답자는 503명(전국 20~59세 성인 남녀, 여성242명, 남성261명)이었다. 응답자 중 44.4%(5점 척도로 설문이 구성되었다. 그렇다 38%, 매우 그렇다 6%) 는 WHO가 권고한 게임이용장애의 국내 질병코드 등록에 대한 정보를 들어본 적이 있다고 했으며, 응답자 중 47.9%(그렇다36.8%, 매우 그렇다 11.1%)는 WHO의 권고 사항인 게임이용장애를 국내에서 질병코드로 등록할 경우 "게임에 대한 사회적 인식"이 나빠질 것으로 예상하고 있었다.

　이러한 결과는 2018년 8월에 한국콘텐츠진흥원과 한국인터넷기업협회가 일반인 1,000명과 게임업계 종사자 150명을 상대로 실시한 《게임이용 장애 질병코드화에 대한 인식조사》에서 게임질병코드화에 대한 일반인들의 인지도가 29.4%로 나타났던 것에 비하면

약 1년 6개월 사이에 게임이용 장애의 국내 질병코드 분류에 대한 일반인의 인지도가 15%p 상승했음을 알 수 있다. 물론 2020년 연구보고서와 2018년의 인식조사가 조사 방법이나 조사 대상자가 상이하여 통계 비교를 한다는 것은 무리가 있지만, 게임이용 장애의 국내 질병코드분류에 대한 인지도가 높아진 것은 부인할 수 없는 사실이다. 2025년 게임이용 장애의 국내질병코드 분류 시기가 가까워질수록 관심은 더욱 높아질 것이다. 한국콘텐츠진흥원의 조사결과에 따르면 일반인 59.0%, 업계 종사자 61.3%가 게임이용 장애의 질병코드화로 인해 게임 이용자들이 게임중독자, 정신 질환자 등으로 낙인찍힐 수 있다는 우려를 하고 있었다. 또한 국제질병분류(ICD-11) 게임이용 장애 진단기준의 국내 도입 시에는 사회적 합의가 필요하다는 응답이 일반인 65.8%, 업계종사자 68.7%로 높게 나타났다.

2020년 조현섭 외 3인은 〈전문가들의 판단에 미치는 요인연구-게임이용장애 질병코드화를 중심으로〉라는 제목으로 WHO의 게임이용 장애 질병코드화에 대한 심리학회 회원의 인식을 조사하였다. 조사대상은 심리학회 정회원 145명이었다. 그들은 병원, 상담센터, 기업연구소 등에 근무하는 석사급 이상 전문가였으며, 게임관련 임상경험자수 82명, 임상경험이 없는 39명이 조사 대상이었다. 연구결과 전체응답자의 63%가 게임이용 장애 질병코드화에 대하여 부정적인 의견을 보였다. 게임이용 장애 진단 준거를 국내 적용시 44.8%가 가족 및 청소년에게 부정적 영향을 미칠 것이라 응답하여, 긍정적 응답인 30.3%에 비하여 1.5배 부정적 의견이 높았다. 이러한 결과는 게임이용 장애를 의료적으로 접근하는 것에 반대하는 의견이 높음을 알 수 있다. 게임이용 장애를 국내 질병코드로 도입 분류할 때는 국내의 게임 문화 환경과 게임플레이어의 정서를 고려하여 결정하여야 한다는 것을 보여주는 사례다.

이러한 일반적 여론에도 불구하고, 게임업계에서 우려 섞인 목소리가 나오는 것은 2011년 게임 셧다운제 도입 이후 인터넷게임중독 예방을 위한 법률 제정을 둘러싸고 벌어졌던 사회적 갈등 경험 때문이다. 2013년 손인춘의원이 대표 발의한 법률 "인터넷게임중독예방에 관한 법률안"과 "인터넷게임중독치유에 관한 법률안"을 두고 하는 말이다. 법률안은 "중독성이 높은 인터넷게임에는 게임 매출의 5% 또는 대통령령에 의하여 5억 원 이하까지 과징금을 부과하고, 여성가족부 장관이 인터넷게임 관련 사업자에게 연간 매출액의 1% 이하 범위 내에서 인터넷게임중독치유부담금을 징수할 수 있다"는 내용을 담고 있었다. 법률안이 게임셧다운제가 시행되고 있는 시점에서 발의되다 보니 게임업계는 법률안에 대해서 게임에 대한 중복규제라는 주장과 함께 인터넷게임과의존자들을 정신병자로 낙인찍는 악법이라고 반대하였다. 동시에 게임중독에 대한 책임 소재 문제를 놓고서 게임 산업계와 시민단체 간에 극렬한 신경전이 벌어지기도 했다.

게임 산업계와 시민단체 간의 극한 대립 속에 또 다른 법률안이 발의되어 게임중독에 대한 사회적 갈등을 증폭시켰다. 같은 해 2013년 정신과 의사이기도 한 신의진의원이 대표 발의한 법률 "중독예방 관리 및 치료를 위한 법률안"에서는 게임을 인터넷중독에 포함시켜 알코올, 마약, 도박, 인터넷 등을 4대 중독으로 분류하고, 가칭 4대 중독을 정부가 통합 관리하는 내용을 담고 있었다. 그 내용을 들여다보면 "제1조 목적에서 중독을 예방·치료하고 중독폐해를 방지·완화하기 위하여 필요한 기본적 사항을 규정함으로써, 모든 국민이 안전하고 건강한 삶을 누릴 수 있도록 함을 목적으로 한다"고 명시하고 있었다. 또한 "제3조에 국가 및 지방자치단체는 중독의 예방 및 치료와 중독 폐해 방지를 위하여 필요한 법적·제도적 장치를 마련하고 이에 필요한 재원을 확보하도록 노력하여야 한다"와 "제2조에서는 '중독폐해'란 중독으로 인하여 발생하는 신체질환, 정신질환, 행동문제, 범죄, 폭력, 빈곤 및 그 밖에 그와 연관되어 발생할 수 있는 모든 종류의 부정적 사회문제를 말한다." 그리고 중독폐해예방치료사업의 심의조정을 위하여 국무총리를 위원장으로 하는 가칭 '국가중독관리위원회'를 설치하여 보건복지부가 사무국 역할을 하는 것을 주 내용으로 하고 있었다. 게임중독을 인터넷중독의 하위 유형으로 분류하여 4대 중독에 포함시킴으로써 중독의 범위를 확대하고, 일반화시킴으로써 사회적 논란이 증폭되었다.

게임중독의 책임 공방은 현재도 진행 중이지만, 국내외적으로 게임중독에 대한 개념 및 정의, 게임중독자 판별 기준, 게임중독의 과학적 검증과 치료적 개념 등에서 아직도 관련 전문가(의학계와 학계 등)들 간에 합의점을 찾지 못하고 있고, 게임중독에 대한 의학적 증거마저도 턱없이 부족한 것이 현실이다. 게임역사 50여년이란 세월에도 불구하고, 아직도 게임중독을 둘러싼 과학적 논쟁은 진행 중인 것이 이를 증명한다. 연구자마다 사용하는 용어들이 상이하고, 사용하는 진단도구들이 다르며 표준화된 진단척도도 없다. 이런 환경에서 불쑥 WHO가 게임이용 장애를 질병으로 분류하고 내놓은 게임장애 진단기준은 이해당사자인 게임산업계와 게임플레이어, 게임연구학계, 의료계 간의 갈등을 부추기는 기폭제가 되기에 충분하였다. 한국의 경우 게임질병코드 분류를 국내에 도입할 경우, 인터넷게임장애 혹은 게임이용 장애에 대한 명확한 정의와 함께 게임중독자를 판별해낼 객관적 진단도구의 마련이 선결 해결과제가 될 것이다. 국내의 게임중독관련 연구에서 사용되고 있는 게임중독진단척도들이 천차만별이고, 게임중독률의 차이도 연구결과마다 너무 편차가 심한 것이 현실이기 때문이다.

황상민은 2003년에 자신의 연구물 〈인터넷게임중독 현황 및 발달과정과 심리적개입방안 연구〉에서 4786명의 응답자의 자료를 분석한 결과 국내게임 〈리니지〉 이용자의 7.5%가 게임에 중독되어 있다고 진단하고, 62.8%는 게임중독은 아니지만 중독 가능성이 있는 게임중독 가능자로 분류하였다. 고려대학교 예방의학교실 천병

철 교수팀은 2005년 경기도소재 중·고등학생 764명을 대상으로 한 연구조사에서 2.9%정도가 중증인터넷중독 증세를 보이고 있으며, 게임을 좋아할수록 중독증세가 심하다는 조사결과를 발표하였다. 또한 삼성서울병원 가정의학과 이정권 교수팀이 2005년 서울·성남 6개 PC방에서 888명을 대상으로 면접 조사한 연구결과는 게임중독 증세를 보인 유저가 3.4%라고 발표하였다. 한국청소년정책연구원이 2009년에 전국의 초·중등학생 9,180명을 대상으로 조사한 《청소년 게임중독 및 여가활동 실태조사》에 의하면 잠재적위험군이 6.6%, 고위험군이 2.5%로서 약9.1%가 게임중독에 노출된 것으로 보고하였다. 2020년 연세대 윤태진교수의 게임중독 논문과 관련된 메타분석(최근 5년간의 1,500개 연구논문)에서도 게임중독관련 논문들의 게임중독 유병율 결과가 0.7%에서 15.6%까지 10%p 이상 차이를 보이고 있었다고 하며, 특정 게임을 지목하거나 게임 장르를 특정하여 진행한 연구도 극소수라고 설명하고 있다.

실제로 DSM-5 [1]에서 인용한 게임이용 장애 선별기준과 WHO가 제시한 게임이용 장애 진단기준 등이 상이하다. 실제 국내외 연구물들의 경우 이러한 현상은 쉽게 찾아 볼 수 있다. 국내외 게임중독관련 연구들이 사용한 게임중독척도의 경우를 보면 인터넷게임에 한정하거나 혹은 게임 유형에 관계없이 모든 게임에 적용하는 선별기준과 척도를 사용하거나, 연령별로 게임중독 선별도구를 사용하는 것이 있고, 인터넷중독과 인터넷게임중독의 판별도구를 혼용하여 사용하는 사례도 비일비재하다.

한국의 경우 논란이 유독 많은 것은 미국, 영국, 일본 등과 같은 게임선진국과 비교할 때, 그들이 일찍이 겪었던 게임 경험에 비하여 한국의 경우 게임 경험이 일천하고, 게임문화에 대한 연구도 부족했던 것에서 원인을 찾을 수 있을 것이다. 한국의 게임개발사들이 게임선진국의 게임개발사들에 비하여 게임개발 시기 및 게임 시장 진입이 늦었던 것을 고려하면, 게임문화에 대한 독자적 연구를 할 환경 자체가 일천하고 연구 인력 자체가 제한적일 수밖에 없었다. 국내의 게임연구자들은 게임중독에 대한 정보 및 지식을 외국 게임선진국들의 연구 및 사례로 접한 후에 그들의 연구 및 사례를 바탕으로 국내 게임이용자들에게 적용해 보는 과정에서 당연히 시행착오가 발생할 수밖에 없었을 것이다. 이런 환경을 감안하여 볼 때 국내 게임이용자에게 적합한 게임중독판별도구를 개발해 내지 못한 것은 당연한 결과다. 실제로 2002년도 한국정보문화진흥원(현재 한국지능정보사회진흥원)에 인터넷중독상담센터가 세워지고, 본격적인 인터넷중독에 대한 연구와 상담이 이루어지기 전까지는 인터넷중독, 게임중독에 대한 개념 및 연구 사례를 국내에서는 거의 찾아볼 수 없었다.

〈게임이용 장애 질병분류의 경제효과 분석연구〉에서 사용된 게임중독진단도구는 최훈석, 용정순, 김교헌 등이 2013년에 개발한 "

한국형 성인용 게임중독 척도(Korean Game Addiction Scale for Adults, KGAS-A)"[2]를 확장하여 사용하였다. 연구결과를 보면 설문 응답자 480명 중 잠재적 문제이용집단 130명과 정상집단 350명이란 결과가 나왔다. 연구자가 밝혔듯이 연구 설계를 위하여 "한국형 성인용 게임중독척도"를 폭넓게 변형하여 사용하였다는 것을 감안하더라도 게임의 문제적 이용집단이 전체 응답자의 27%가 넘는 결과는 도박중독, 알코올중독, 마약중독 등의 중독률에 비하여 상식을 넘어선 수치임을 짐작할 수 있다. 이러한 결과가 나온 것은 연구보고서에서 사용한 한국형 성인용 게임중독 척도는 DSM-IV의 기준을 중심으로 설계된 게임중독척도이기 때문이 아닐까 예측된다. 2013년 개정된 DSM-5의 인터넷게임중독척도와 달리 병적도박중독진단의 기준을 사용하여 제작된 게임중독척도인 것을 감안할 필요가 있다. 또한 연구대상자를 성인으로 한정하고, 게임을 많이 이용하는 층인 청소년이 연구대상자에서 배제된 것은 연구의 한계라 할 수 있다.

국내에서 인터넷게임중독에 대한 예방과 치료를 위한 국가적 프로젝트로 추진한 5개년 사업인 디톡스 사업(2014-2019년)의 경우를 예로 들어보자. 디톡스사업은 정부주도로 게임셧다운제 이후에 게임중독에 대한 과학적 근거를 마련하고 청소년들의 건강권 확보라는 예방적 차원에서 추진되었다. 디톡스사업의 초기 시행부터 실효성 문제를 두고 게임 산업계와 학계, 그리고 시민단체 간에 많은 논란이 있었던 것도 사실이다. 5개년 연구결과가 나온 시점에서는 갈등이 더욱 심화되어 각 이해집단 간에 불신만 더욱 깊어졌다.

사업의 성과는 논외로 하더라도 연구물들 결과에 대한 몇 가지 사항을 집어 볼 필요는 있다. 왜냐하면 게임산업계 및 관련 게임연구자들이 연구결과에 대한 불신을 드러내고 비판하고 있는 것 중 우선순위가 게임중독자에 대한 판별기준이 명확하지 않고 모호하다는 것이다. 먼저 디톡스사업에서 사용한 게임중독척도를 살펴보자. 디톡스사업에서 사용한 대다수의 인터넷·게임중독척도는 한국의 게임플레이어의 특징과 즐기고 있는 게임의 종류 및 게임용 디바이스에 대한 영향 평가 없이 미국의 심리학자 킴벌리 영의 인터넷중독척도를 간접 사용하거나, DSM-5의 인터넷게임장애진단척도와 국내에서 개발되어 사용하고 있는 인터넷중독척도, 인터넷게임중독척도, 스마트폰중독척도 등을 기준으로 하여 그것들을 원용하거나 개작하여 사용하였다. 그 결과 인터넷과 인터넷게임을 같은 척도로 판별하는 인터넷·게임중독·스마트폰중독척도라고 하는 포괄적 진단평가 척도 및 종합적 판별도구가 탄생하기도 했다.

이러한 연구결과를 두고 게임개발자들과 게임관련 학계에서는 디톡스사업에서 사용한 인터넷게임중독 진단도구인 인터넷·게임중독·스마트폰중독척도가 게임중독자를 가려내는 판별도구가 아니라, 인터넷중독을 가려내는 진단도구를 사용하여 게임중독자를 판별하고 있다고 비판하고 있다. 예를 들어보면 디톡스사업의 연구과제인 "인터넷·게임·스마트폰 중독의 포괄적 진단평가 도구"와 인터넷·게임과 스마트폰 등 매체별 중독위험요인, 공존질환 및 임상특성 비교연구"의 내용 중 언급한 내용을 보면 인터넷중독과 게임중독을 같은 선상에서 연구를 진행한 것임을 짐작할 수 있다.

먼저 "인터넷·게임·스마트폰 중독의 포괄적 진단평가 도구" 연구에서는 인터넷과 게임 그리고 스마트폰의 선별도구와 진단도구를 구별하여 연구가 진행되었다. 본 연구에서 사용한 진단기준(인터넷·게임·스마트폰 공동기준)은 몰두(Preoccupation), 내성(Tolerance), 갈망/금단(Craving/withdrawal), 통제력 상실(Loss of control), 다른 영역에 대한 태만(Neglect of other area)의 5가지 요인으로 되어 있다. 인터넷과 게임 그리고 스마트폰의 매체적 특성 및 기능 등에 대한 차별적 영향 평가 없이 동일한 진단기준을 사용하여 선별도구와 진단도구를 개발해 냈다. 또한 "인터넷·게임과 스마트폰 등 매체별 중독위험요인, 공존질환 및 임상특성 비교연구" 내용을 들여다 보면 연구보고서 자료 중 "과도한 인터넷사용에서 인터넷게임중독으로 이행과정에 대한 이해에서 중독은 어느 순간에 갑자기 발병하는 것이 아니라, ①개인의 기질적인 요인과 ②환경적인 요인, 그리고 ③과도한 인터넷게임사용이라는 행동이 결합하여 점차적으로 중독으로 이행되는 질환이므로 이에 대한 종적인 접근(longitudinal approach)이 필요함" 이라고 기술하고 있다. 인터넷게임중독이 과도한 인터넷사용과정에서 진행된 중독으로 모형화하고 있는 것이다.

그러나 게임플레이어들의 대부분은 인터넷의 과도한 사용을 통하여 인터넷게임중독으로 이행하는 것이 아니라, 인터넷에 입문함과 동시에 인터넷게임을 접하게 되고, 인터넷게임에 몰입하는 현상이 일반적이다. 인터넷이 생활의 필수적인 서비스 기초 영역으로 자리 잡은 현재의 상황에서는 더욱 그렇다. 결국 이러한 연구물들은 인터넷게임중독을 킴벌리 영이 인터넷중독의 하위유형으로 인터넷게임중독을 분류한 체계를 따른 것이라 볼 수 있다. 킴벌리 영은 인터넷중독을 온라인게임중독(online game addiction), 정보과몰입(information overload), 사이버섹스중독(cybersexual addiction), 네트워크강박증(net compulsions), 사이버관계중독(cyber-relationship addiction) 등으로 하위유형을 분류하였다.[3]

킴벌리 영의 설명에 따르면, 온라인게임중독은 인터넷게임의 과다 이용으로 금단과 내성의 심리적 상태가 나타나고, 그로 인하여 일상생활의 장애가 발생하는 중독형을 말한다. 정보과몰입은 실제 업무에 필요한 사항도 아닌데 정보수집에 과도하게 집착하는 중독형이다. 사이버섹스중독의 경우는 성적 만족을 위하여 가상공간에서 성적인 대화를 하거나, 포르노 동영상을 감상하는 데 집착하고 탐닉하는 중독형이다. 네트워크강박증은 온라인상에서 의미 없는 정보까지 검색하고, 많은 시간을 온라인상에서 소비하는 중독 즉 온라인도박, 과도한 온라인쇼핑 등의 행동을 보이는 중독형을 말한다. 사이버관계중독은 사이버상의 대인관계에 지나치게 의존하여 현실생활과 관계없이 온라인상에서 관계를 중시하고, 온라인상의 활동에 지나치게 집착하는 중독형을 말한다.

킴벌리 영이 인터넷중독을 학계에 보고한 1998년 당시의 인터넷 게임 환경은 2020년대의 인터넷 게임 환경과 비교해 볼 때 관련 IT 기술(게임소프트웨어기술, 게임기기, 컴퓨터그래픽. 게임음악, 게임의 종류, 구현방식 등)이 지금은 상상할 수 없을 정도로 빈약했다. 특히 2007년 스마트폰 대중화로 모바일 게임과 소셜(SNG)게임, 스트리밍 서비스를 이용한 게임이용자는 폭발적으로 증가했다. 이러한 게임이용매체의 다변화와 게임서비스의 다양화가 몰고 온 게임 환경 변화를 감안하여 볼 때, 1990년대의 게임과 2020년대의 게임을 비교하는 것 자체가 무리다. 2020년대의 게임 환경과 게임 이용 문화는 킴벌리 영이 인터넷게임중독을 언급하던 시절과는 확연히 달라졌다. 과도한 인터넷이용이 게임플레이어의 기질적 특성과 결합하여 인터넷게임중독으로 이행된다는 과정 모형은 게임미디어환경을 고려하지 않은 손쉬운 게임중독 연구의 전형이라 할 수 밖에 없다.

DSM-5의 경우에도 인터넷게임장애를 "앞으로 더 많은 연구가 필요한 장애(conditions for further study)"로 언급하였다. DSM-5 실무진이 이러한 결정을 하게 된 이유는 첫째로 인터넷게임문제에 대한 여러 나라의 240개 이상 논문을 살펴보았다. 그 결과 인터넷게임장애는 물질사용장애, 도박중독과 유사하게 게임에 대한 정신적인 통제력 상실, 내성 및 금단 증상, 일상생활의 기능 상실을 나타내고 있으나, 장애의 기준에 있어서는 연구자마다 상이하였다. 이로 인하여 질병의 빈도가 중국을 비롯한 아시아 국가들과 미국, 유럽국가 간에도 차이를 보이고 있었다. 둘째로는 인터넷게임장애는 10대에서 많이 발생하고 있지만 그 이후에 게임장애의 진행과정에 대한 장기 추적 연구가 미흡하다는 것이었다. "인터넷게임장애의 사례는 중국을 비롯한 아시아 등에서 많이 보고되고 있으며, 드물게는 유럽 혹은 미국의 몇몇 주에서도 인터넷게임장애의 사례들이 보고되고 있다"고 언급하고 있다.

인터넷게임장애척도(Index of Internet game disorder)는 중국에서 쓰이고 있는 중독척도를 사용하여 작성하였기 때문에, 인터넷을 이용하여 사회적 관계(Facebook, 온라인 포르노그래피 등)를 지속하거나 인터넷을 과도하게 이용하는 인터넷이용자들을 대상으로 척도로 사용하지 말 것을 권고하였다. 그리고 인터넷게임장애가 있는 경우에는 강박적 우울증이나 ADHD 와 같은 공존질환을 보이는 사례가 있었다는 것을 밝히고 있다. 이러한 내용으로 판단해 볼 때 DSM-5의 인터넷게임장애진단척도를 이용하여 인터넷중독판별을 위한 범용 진단도구로 사용하는 것과 DSM-5에서 언급한 인터넷게임장애진단척도를 모든 인터넷게임 종류의 중독자 진단도구로 사용하는 것을 경계하고 있다고 볼 수 있다. 인터넷을 과다 이용하다 인터넷게임중독으로 진행된다는 과정 모형은 현재의 게임서비스 환경을 고려해 보면 전혀 다른 해석이 가능하다.

중국 및 아시아 국가들의 게임플레이어들이 많이 이용하고 있는 게임은 MMORPG와 같은 유형의 게임이 주를 이루고 있다. MMORPG는 게임의 특성상 관계형 게임이다. MMORPG를 과다 이용하여 게임중독자로 판명된 게임플레이어들은 인터넷게임을 못하게 되는 환경에 직면했을 경우, 게임을 중단하는 것이 아니라, 게임의 새로운 서비스들인 비디오게임, 다운로드 PC게임, 휴대용게임, 모바일게임 등 다른 유형의 게임을 찾아 이용하거나 인터넷의 다른 서비스 이용을 강화할 것이다. 실제로 미국 시카고 드폴대학교의 Brian D.NG, M.S. & PETER WIEMER-HASTINGS는 〈인터넷과 온라인 게임중독〉이라는 논문에서 온라인게임 중 MMORPG에 중독 성향을 보이는 실험자들의 성향을 분석하였다. MMORPG게임을 즐기지 못하게 되는 환경에 놓인다고 해도 그들은 현실생활에서 즐기는 여타 오락으로 취미를 옮기는 것이 아니라, 채팅, 만남 중개 사이트, 블로그 등과 같은 인터넷의 다른 서비스로 옮겨 간다는 것이다. 즉 MMORPG의 게임과의존 플레이어들은 게임의 대체 만족 온라인 서비스로 전환하여 인터넷을 계속 이용할 가능성이 높다는 것이다. MMORPG에서 체험한 커뮤니티, 채팅, 플레이어 간의 공유와 협력, 경쟁 등과 같은 유사 기능을 제공하는 여타 인터넷서비스로 전환 이용 가능성이 크다는 것이다.

2005년 당시에는 아직 스마트폰이 탄생하지 않았고, 모바일게임이 대중화되지 않은 시대임을 감안하더라도 현재의 MMORPG 게임과의존 플레이어들은 유사한 게임 이용 방법을 찾아 다른 유형의 게임을 찾아 즐길 것이라는 것을 예측할 수 있다. 인터넷의 다른 서비스를 과다 이용하다 온라인게임을 과다 이용하게 되는 것이 아니라, 온라인게임을 즐기며 동시에 여타 인터넷서비스도 함께 이용한다는 것이 올바른 판단일 것이다. 인터넷 서비스를 플랫폼 구별 없이 이용하게 된 현 시대 상황에서는 더욱 게임중독에 대한 조사 및 연구가 세밀할 필요성이 있다. 게임중독 연구는 게임의 종류, 게임플랫폼, 게임이용자의 유형 등을 복합적으로 검토하여 진행하여야 소기의 목적을 달성할 수 있을 것이다.

DSM-5에서는 인터넷게임장애 판별 "인터넷게임장애진단척도"를 아래와 같이 기술하고 있다. 12개월 이내 사용자 중 9개 사항(예, 아니요) 중 5개 이상(예)에 해당 될 때를 임상적으로 심각한 손상 혹은 정신적 고통을 겪고 있다고 진단한다. 게임 의존성에 따라서 경증(mild), 중증(moderate), 상증(severe)으로 구분한다. 이 경우 문제점으로 지적되는 것은 게임의존성을 3가지 등급 분류를 제시하고 있으면서도 각 등급에 대한 자세한 사항에 대한 언급이 없다는 것이다. 미국정신의학회가 인터넷게임장애진단척도를 게임이용장애판별 도구로 제시하면서도 게임의존성의 등급 내용을 명확히 밝히지 못한 것은 게임중독에 대한 실증적 증거들이 부족했음을 자인하고 있는 것이라 볼 수 있다.

[인터넷게임장애진단준거, DSM-5]

① 집착(Preoccupation) : 인터넷게임을 하지 않을 경우에도 게임에 대한 생각으로 가득 차 있다. 일상생활에서 게임이 우선이다
 Preoccupation with Internet games (The individual thinks about previous gaming activity or anticipates playing the next game ; Internet gaming becomes the dominant activity in daily life)

② 금단(Withdrawal) : 인터넷게임을 할 수 없을 때나 게임 이용을 줄이려고 할 때 경험하게 되는 부정적인 심리적/ 신체적 증상 등을 의미한다.
 withdrawal symptoms when Internet gaming is taken away. These symptoms are typically describes as irritability, anxiety, or sadness, but there are no physical signs of pharmacological withdrawal.

③ 내성(Tolerance) : 인터넷게임에 더 많은 시간을 보내야 만족을 느끼는 상태를 의미한다. 게임을 하면 할수록 같은 만족을 느끼기 위해서는 더 많은 시간을 게임에 열중해야 얻을 수 있는 상태를 말한다.
Tolerance- the need to spend increasing amounts of time engaged in Internet games

④ 통제실패(Loss of control) : 인터넷게임 이용을 줄이거나 그만 두고자 하는 의도와 생각이 있으나, 게임을 중단할 수 없는 심리적 상태를 말한다.
Unsuccessful attempts to control the participation in Internet games

⑤ 흥미상실(Loss of interests) : 인터넷게임이 주된 활동이 되면서 그전에 즐겼던 오락이나 취미에도 흥미를 못 느끼는 심리적 상태를 말한다.
Loss of interests in previous hobbies and entertainment as a result of, and with the exception of, internet games

⑥ 문제 인식에도 인터넷게임이용 지속(Persistence) : 심리·사회적 문제가 있다는 것을 인지하면서도 지나치게 인터넷게임을 이용하는 것을 계속하는 상태를 말한다.
Continued excessive use of Internet games despite knowledge of psychosocial problems

⑦ 게임이용을 속임(Deception) : 인터넷게임시간을 감추기 위해서 주위의 사람들에게 속이는 것을 말한다.
Has deceived family members, therapists, or others regarding the amount of Internet gaming.

⑧ 부정적 기분의 회피나 경감(Escape or relieve) : 죄책감이나 우울, 불안 등의 부정적 정서를 회피하거나 줄이기 위한 목적으로 인터넷게임을 이용한다.
Use of Internet games to escape or relieve mood (e.g.,feeling of helplessness, guilt, anxiety

⑨ 주위와는 갈등(Conflict) : 게임이 주된 활동이 되면서 주변인과의 관계, 직업, 교육, 경력 등이 위태롭게 되는 상태를 말한다.
Has jeopardized or lost a significant relationship, job, or educational or career opportunity because of participation in Internet games.

요약하자면, 인터넷게임장애진단척도는 인터넷게임을 지나치게 이용(인터넷게임장애자의 경우 인터넷게임을 하루에 8-10시간 인터넷게임을 하며, 일주일에 30시간 이상을 게임에 시간을 소비함)하는 게임플레이어가 대상이지 인터넷의 다른 서비스를 과다하게 이용하는 사용자의 중독 성향을 판별하는 도구로 사용할 수 없음을 분명히 밝히고 있다. DSM-5의 인터넷게임장애척도를 만든 원천 자료가 중국에서 개발하여 사용중인 중독척도를 이용하였다는 것을 밝히면서 중국과 동아시아의 상황을 언급하고, 일부 유럽과 미국 쪽의 이용자들이 인터넷게임장애를 겪고 있다고 추가 설명하고 있는 점을 새겨 볼 필요가 있다. 즉 중국과 동아시아의 게임 플레이어들이 많이 이용하고 즐기고 있는 게임 종류가 유사한 경향을 보인다는 여러 연구물들을 볼 때 DSM-5척도는 MMO(Massively multiplayer online game)성격이 강한 게임에 중독된 플레이어를 대상으로 하고 있음을 짐작케 한다.

유럽 및 북미 쪽 게임플레이어들이 많이 이용하는 비디오게임이나 소셜게임 등은 DSM-5가 제시한 인터넷게임중독척도로 게임중독자를 판별하는 것을 경계하며, 다양한 형태의 게임 종류 및 이용형태에 대해서는 조심스런 접근을 하고 있는 것으로 판단된다. 실질적으로 인터넷중독척도를 제시했던 킴벌리 영의 경우와 미국정신의학회의 DSM-5의 인터넷게임중독진단척도를 비교해 볼 때 커다란 차이점을 찾을 수 없다는 점에서 진단도구에 대한 신뢰성에 의문이 들 수밖에 없다.

미국 심리학자 킴벌리 영이 발표한 인터넷 중독 자가진단 척도에 따르면 아래 8가지 질문에 5개 이상 "예"를 선택하면 인터넷 중독일 가능성이 높다.

① 항상 인터넷에 대해 생각하십니까? (집착)
Do you feel preoccupied with the Internet (think about previous on-line activity or anticipate next on-line session)?

② 처음 생각했던 것보다 더 많은 시간을 접속해야 합니까? (문제인식에도 이용지속)
Do you feel the need to use the Internet with increasing amounts of time in order to achieve satisfaction?

③ 인터넷 사용을 조절하거나 끊거나 줄이기 위해 반복적으로 노력하지만 항상 실패 하고 있습니까? (조절실패)
Have you repeatedly made unsuccessful efforts to control, cut back, or stop Internet use?

④ 인터넷 사용을 중지하거나 중단하려면 불안하고 울적하고 우울하고 짜증나는 느낌을 받습니까? (금단)
Do you feel restless, moody, depressed, or irritable when attempting to cut down or stop Internet use?

⑤ 인터넷을 하는 시간을 더 늘려야 만족스럽고 계획했던 일을 완수할 수 있습니까?(내성)
Do you stay on-line longer than originally intended?

⑥ 중요한 인간관계나 직업, 교육, 경력 상의 기회가 인터넷 때문에 위협받거나 위험에 처한 적이 있습니까? (일상생활장애)
Have you jeopardized or risked the loss of significant relationship, job, educational or career opportunity because of the Internet?

⑦ 내가 인터넷에 빠져 있다는 것을 주변 사람에게 감추거나 거짓말을 한 적이 있습니까? (주변에 속임)
Have you lied to family members, therapist, or others to conceal the extent of involvement with the Internet?

⑧ 문제로부터 도피하거나 불쾌한 기분으로부터 벗어나기 위해 인터넷을 사용한 적이 있습니까? (부정적 문제로부터 회피)
Do you uses the Internet as a way of escaping from problems or of relieving a dysphoric mood (e.g., feelings of helplessness, guilt, anxiety, depression)?

킴벌리 영은 이후에 인터넷중독자가진단척도를 20문항으로 늘린 5점 척도를 개발하였다.[4] 킴벌리 영이 제시한 진단 기준과 DSM-5에서 제시한 진단 기준 중 상이한 것은 흥미상실(여타 오락에 대한 흥미)을 제외하고는 같은 맥락의 진단 기준을 쓰고 있다. 결국은 미국정신의학회가 제시한 DSM-5의 인터넷게임장애진단척도는 인터넷 접속으로 즐길 수 있는 게임에 한정될 수밖에 없으며, 특히 관계형 인터넷게임의존자를 판별해내는 인터넷게임중독척도라는 것을 킴벌리 영의 척도로서 확인할 수 있다.

한국정보문화진흥원이 개발한 K척도(한국형인터넷중독자가진단척도)가 인터넷게임중독자를 판별해 내는 데 어느 정도 준거타당도가 있는지를 탐구한 고려대 권정혜 교수 등의 논문〈한국형 인터넷 중독 자가진단 척도의 진단적 유용성에 대한 연구- DSM-5의 인터 넷게임장애를 중심으로〉에서 K척도가 선별도구로 유용하며 진단적 도구로 기능할 수 있다고 보았다. 또한 〈한국판 게임 중독 임상척도 2.0 타당화〉라는 제목으로 장성호외 3인이 공동연구한 게임중독척도도 DSM-5척도에 9가지 요인에 강박과 건강문제라는 2가지 요인을 첨가하여 국내 대학생 346명을 대상으로 설문지를 통한 응답지를 분석하였다. 이는 2007년 Van Rooij 등이 개발한 C-VAT(Clinical Video game Addiction Test) 2.0 게임중독 임상척도의 타당도를 검증하기 위한 것이었다. 이처럼 많은 국내 게임중독연구들은 DSM-5척도를 인터넷게임중독자 판별 도구 및 임상도구로 인용하여 사용하는 경우가 많아졌다. 아마도 인터넷게임중독자 판별 준거를 처음으로 공식 기관에서 제시한 것이라 인터넷게임중독 관련 연구에서 많이 사용하는 것 같다.

일례로 2012년 여성가족부가 발간한 연구보고서 《청소년 인터넷게임 건전이용제도관련 평가척도개발 연구》의 경우, DSM-5가 발표되기 전 연구임에도 불구하고, DSM-5의 인터넷게임중독척도의 사전 예시 준거를 인용하고, 기존 국내에서 개발된 게임중독관련 척도들을 탐색하여 평가척도를 개발하였다. 연구의 목적을 "심야시간대 인터넷게임 제공시간 제한 대상 게임물의 범위가 적절한 지를 평가하기 위해, 인터넷게임물을 체계적으로 분류하여 평가대상 게임물의 범위를 설정하고, 인터넷게임물에서 과도한 이용 및 중독을 유발하는 요인 등을 평가하는 인터넷게임 평가척도를 개발하여, 도출된 인터넷게임 평가척도가 타당한지 여부를 검증하여 객관적이고 일반화가 가능하며 누구나 공감할 수 있는 과학적인 인터넷게임평가의 틀을 마련하고자 한다"고 적시하고 있다.

즉 심야시간대 게임시간 제한 대상 게임물의 범위를 정하기 위한 "인터넷게임평가척도 개발"과 게임이용자의 과몰입 대상자를 분류해 내기 위한 "게임중독진단척도 개발"이라는 이중적 목적을 가진 연구물이다. 일명 셧다운제라고 불리고 있는 "심야시간대의 인터넷게임 제공시간 제한" 적용 게임물을 가려내기 위하여 중독 성향의 게임물의 판별기준을 만들고, 개발된 판별기준을 적용하여 게임을 과도하게 이용하는 게임중독자를 판별해 내겠다는 것이다.

제공되는 인터넷게임물의 중독성을 판별해 내겠다는 의도는 알겠지만, 과연 인터넷게임물의 중독성 여부를 과학적으로 입증할 방법이 가능한 일인지에 대한 의문이 들 수 밖에 없다. 연구결과로 찾아낸 내용인 인터넷게임평가척도의 요인을 들여다보면, "과도한 보상, 상호강박성, 우월감·경쟁심 유발"이라는 3가지 카테고리로 중독성 판별준거를 나누고 있다. 게임플레이어의 중독을 유발하는 요인으로는 "강박사용, 금단, 내성, 조절실패, 지속적인 과도 게임사용, 관심 상실, 기분전환, 기만, 관계손상" 등 9가지 요인을 판단 기준으로 개발하였다.

먼저 인터넷게임평가척도를 예로 들어보자, 인터넷게임평가척도로 게임의 중독성 여부를 판별하겠다는 것인데, 연구결과로 내놓은 3가지 요인(보상, 상호작용, 경쟁)은 게임개발자들이 게임을 개발할 때 기본적으로 개발 로직으로 잡고 있는 기본적 기술요소다. 게임의 종류가 퍼즐이든 액션이든 RPG 등 가릴 것 없이 게임소프트웨어를 개발할 때 기본적으로 갖추어야할 게임의 기술적 재미요소가 보상, 우월감/경쟁심유발, 상호작용성 등이다. 모든 게임이 갖고 있는 기본적 요소인 보상, 경쟁심, 상호작용성을 제외하고 어떤 요소를 가지고 게임을 기획하고, 프로그래밍하여 게임을 완성할 수 있을지 의문이 든다. 게임의 중독성을 논할 때, 과도한 보상 및 상호작용성, 경쟁심 유발 강약의 정도를 판별해 낼 수 기술이나 심리적 기저를 판별할 도구를 만들 수 있을까. 게임에서 이러한 기능을 빼버린 게임은 디지털게임이 아니다. 단순히 움직이는 그래픽으로 작업한 동영상 작품에 지나지 않을 것이다.

다음으로 인터넷게임중독척도의 경우를 살펴보자. 참고로 인용한 것이 한국콘텐츠진흥원에서 제작한 "성인용 게임과몰입진단척도"와 한국정보화진흥원에서 개발한 "청소년용 인터넷게임중독척도", 그리고 Lemmens[5]등이 개발한 게임중독척도를 종합하여 척도를 개발하였다. 이 경우도 DSM-5를 적용하여 인터넷게임중독척도를 개발했던 디톡스사업의 연구처럼 인터넷게임의 속성을 간과하여 개발한 흔적을 볼 수 있다. 연구에서 인용한 Lemmens 척도의 경우는 인터넷게임 중에서 MMORPG 이용자들의 중독성 여부를 판별할 목적으로 개발한 "MMORPG이용자 게임중독성 판별 척도"다.

Lemmens 척도는 MMORPG를 즐기는 청소년(중·고등학생)을 대상으로 온라인게임중독측정용으로 개발한 것이다. 또한 척도의 타당성을 입증하기 위하여 청소년 게임플레이어들의 심리적 변인으로서 국내외 연구들에서 많이 사용한 게임에 "소비하는 시간(time spent on games), 삶의 만족도(life satisfaction), 외로움(loneliness), 사회적 효능성(social competence), 공격성(aggression)" 등을 측정하는 척도를 매개변수로 사용하여 중·고등학생을 대상으로 연구 측정하여 MMORPG중독진단척도를 21문항과 7문항의 척도 2종류를 개발하였다. Lemmens 척도를 인터넷게임중독척도로 일반화하여 이용한 것은 인터넷게임의 다양한 종류와 특성을 고려하지 않은 인터넷게임중독척도개발이라고 볼 수밖에 없다.

DSM-5에서 보듯이 미국정신의학회가 인용한 것이 중국의 중독척도를 인용하여 인터넷게임중독준거를 마련한 것은 중국과 동아시아의 게임플레이어들이 많이 이용하고 있고, 미국 및 유럽의 일부 게임매니아 들이 많이 이용하는 MMORPG를 염두에 둔 것임을 살펴 볼 필요가 있다. MMORPG의 기능 중 인터넷의 기능인 채팅, 커뮤니티 등은 인터넷의 주요 서비스들이 제공하는 기능들이다. 실제로 저자가 박사논문《MMORPG의 재미요소가 게임중독에 영향을 미치는 연구》에서 Lemmens의 척도를 사용하여 게임중독과의 상관성 분석을 한 결과도 게임의 가상세계, 익명성, 커뮤니티 등이 게임중독과 상관관계가 높게 나왔다. MMORPG의 중독성 측정을 위하여 고안된 Lemmens의 척도도 7요인 중 현저감을 제외하고는 나머지 6요인(내성, 평온한 기분상태, 금단, 게임의 조절실패, 갈등, 현실에서의 문제발생)은 MMORPG게임중독과 상관성이 매우 높은 것으로 나타났다.

WHO가 게임장애준거로 제시한 내용은 한발 더 나아가 게임이라고 명칭 붙은 디지털게임은 모두가 적용 대상이라, WHO의 게임장애에 대한 진단준거가 DSM-5보다 파급력이 클 수밖에 없을 것이다. WHO가 제시한 게임장애진단 준거를 보면 조금은 낯설다. ICD-11에 따르면 게임장애의 진단은 적어도 12개월 이상 게임을 이용하고, 게임의 습관을 통제하지 못하고, 다른 흥미나 활동 보다 게임이 우선이고, 과도한 게임이용의 결과가 부정적임에도 계속 게임을 이용하거나 더욱 게임에 집착하는 것을 게임이용장애의 준거로 삼고 있다. WHO의 경우는 미국정신의학회가 제시한 DSM-5와 달리 게임이용장애를 인터넷게임장애라 표현하지 않고, 비디오게임 혹은 디지털게임이라는 명칭도 사용하고 있지 않다. 디지털게임이라고 불리는 모든 게임을 게임이용장애 대상으로 하고 있다.

앞으로 세계 각국은 WHO의 진단준거를 기본으로 하여 게임이용장애진단척도를 개발할 경우 어떠한 항목을 더욱 중시할 지는 각국의 게임플레이어들이 이용하는 게임 환경에 따라서 차별화가 주어질 것이다. 또한 인터넷중독과 게임중독의 판별을 더욱 어렵게 하는 상황으로 몰고 갈 가능성도 높아졌다. 게임이용장애를 인터넷게임 뿐만 아니라 비디오게임, 오락실게임, 아케이드게임, 스마트폰게임, 컴퓨터게임, 휴대용게임 등 게임매체 유형을 구별하지 않고 게임장애의 주범으로 낙인을 찍고 있기 때문이다. 아직 합의된 게임장애진단척도가 개발되지 않은 환경에서 실효성과 효과성에 대한 검증 없이 워킹그룹에서 작성한 게임장애 준거가 WHO의 공식 입장으로 발표됨으로써 WHO의 게임장애준거를 기준으로 각국이 마련하여야 하는 게임장애진단척도 개발은 혼란을 초래할 것이 명확해 보인다.

WHO의 ICD-11 게임장애진단준거의 문제점으로 지적되는 것이 지구촌의 지역별 혹은 국가별로 게임이용 환경과 게임이용 문화적 현실을 도외시하고 WHO가 이러한 준거를 제시했다는 것이다. 각국은 자국의 실정에 맞게 게임이용장애 진단척도를 개발하여 사용할 수밖에 없는 상황에 놓이게 된 것이다. 그러나 게임이용장애를 질병으로 도입하는 문제는 각국이 쉽게 해결할 수 있는 사항이 아니다. WHO가 각국의 게임이용현황과 게임이용 문화를 세밀히 검토하고 난 후에 이러한 권고사항이 제시되었다면 혼란을 초래하지도 않았을 것이다. 게임은 이제 세계의 모든 연령층이 즐기는 오락이 되고 있다는 현실을 간과한 측면이 크다. 게임의존을 정신신경학적 관점에서만 접근하다보니 문화 향유의 당사자인 게임플레이어는 정작 소외되고 있다.

각국이 WHO의 게임이용장애질병코드 분류를 자국에 도입하는 데 공통적으로 풀어야 할 과제를 몇 가지 집어보면 다음과 같다.

첫째는 게임중독을 둘러싼 용어의 통일과 명확한 정의가 필요하다. 게임중독을 연구하는 학자들마다 사용하는 용어가 상이하여 전문가 뿐만 아니라, 일반인들도 혼란스럽기는 마찬가지다. 지금까지 많은 연구물들에서 사용된 게임중독관련 단어들을 보면, 비디오게임중독, 게임중독, 인터넷게임중독, 온라인게임중독, 컴퓨터게임중독, 모바일게임중독, 디지털게임중독, 스마트폰게임중독, 게임이용장애 등 다양한 용어를 학자들이 자신의 전공분야와 연구 필요성에 의하여 임의로 사용한 측면이 강하였다. 게임중독의 이해당사자들인 게임개발자나 상담현장의 심리상담사, 게임이용자 들도 마찬가지다. 심리 및 정신신경학계에서도 게임의 과다 이용에 대해서 중독(addiction), 병리적(pathological), 문제적(problematic), 장애(disorder) 등의 용어를 혼용하여 사용하고 있다. 그만큼 게임의존자의 중독판별에 대하여 학계와 의학계에서 조차 의견이 갈리고 있는 것이 현실이다.

둘째 게임플레이어의 게임 과다이용으로 발생하는 부정적 결과를 입증할 명확한 팩트와 증거가 부족하다. 연구자마다 게임과다이용의 결과로 인용하고 있는 것이 폭력성, 현실생활 부적응, 현실도피, ADHD, 우울, 뇌의 전두엽, 측두엽 및 변연계의 손상 및 도파민 분비의 과다 문제 등을 언급하고 있지만, 게임과의 인과관계 혹은 상관관계를 입증할 과학적 연구물의 실증적 자료가 턱없이 부족하다. 같은 요인을 사용한 연구결과물들도 연구자가 채택한 연구방법과 연구 환경에 따라서 결과에 큰 편차를 보이고 있는 것이 현실이다.

전두엽의 경우를 예로 들어 보면 가장 눈에 띠는 차이를 발견할 수 있다. 2001년 도쿄대학교 미래과학기술공동연구센터의 가와시마 류오타교수가 닌텐도 게임을 즐기는 학생과 산수를 잘하는 학생 수백 명의 뇌 활동을 비교 조사한 실험결과에 따르면, 게임을 즐기는 학생들이 산수 문제를 푼 학생들 보다 전두엽 발달이 지체되었다는 결과를 보고하였다. 반면에 게임과 집중력에서 예로 들었던 2009년 미국 캘리포니아주립대학교 리처드 하이어(Richard Haier) 박사가 게임 <테트리스>를 플레이한 집단과 게임을 하지 않은 집단을 구분하여 실시한 실험을 보자. 실험은 Mind Research Network의 연구진과 공동으로 진행하였다. 연구목적은 테트리스를 이용한 훈련으로 증가한 회색질이 두뇌의 효율성을 증대시키는지를 측정하기 위한 것이었다.

실험 대상은 여성 청소년 26명으로 실험집단 15명, 제어집단 11

명으로 나누어 실시했다. 그는 제어집단에 1주일에 1시간 30분씩 3개월간 플레이시켰으며 플레이 시간은 피실험 대상자가 원하는 시간에 하도록 하였다. 하이어 박사가 여성 청소년을 대상으로 선정한 것은 최대한 초기 단계의 뇌를 대상으로 연구하기 위한 의도였다. 실험 후 각 집단을 구조적 자기공명장치(structural MRI)와 기능적 자기공명장치(functional MRI)로 촬영했다. 구조적 MRI는 뇌 피질의 두께를 측정하는 데, 기능적 MRI는 뇌의 능률을 측정하는 데 각각 이용되었다. 뇌를 촬영한 결과 테트리스 게임을 한 실험 군에 속한 집단이 비판적 사고, 추리력, 언어처리능력을 관장하는 두뇌 영역인 전두엽의 대뇌피질(대뇌 피질은 전두엽, 측두엽, 두정엽, 후두엽으로 구성되어 있다)두께가 두꺼워졌으며, 신경세포가 밀집된 회백질(주로 뉴런의 세포체와 수상돌기로 이루어진 가벼운 회백빛을 띤 뇌의 영역, 대뇌피질은 회백질로 이루어져 있다)이 늘었다는 결과를 발표 하였다.[6] 물론 똑같은 게임을 실험으로 실시한 연구가 아니기에 정확한 연구 비교는 어렵지만 게임의 뇌 관련 연구결과에 대하여 다양한 이견이 나올 수밖에 없는 현실을 보여준 사례일 것이다.

셋째 게임장애를 질병코드화 했을 때 발생할 수 있는 문제점을 조사 및 연구로 증명해 내기가 쉽지 않다는 것이다. 과잉진단으로 약물남용이나 게임의존자의 낙인효과로 사회적 문제를 일으킬 수 있다. 게임플레이어가 인터넷게임장애와 공존질환(우울증, ADHD등)이 있을 경우 인터넷게임이 원인인지 아니면 공존질환의 원인으로 인터넷게임을 과다 이용하게 되었는지에 대한 판단이 쉽지가 않다. 인과관계 및 상관관계에 대한 경계선이 명확하지 않은 현실에서 치료적 개념부터 도입하는 것은 많은 후유증을 낳을 수 있다. 게임이용장애를 질병코드화하는 문제에서 가장 많이 언급되고, 우려하는 측면이 바로 과잉진단에 의하여 게임의존자에 대한 약물 치료와 그로 인한 부작용을 가장 우려한다. 행동중독을 사회문제가 아닌 의료 문제로 취급하여야 하기 때문이다. 자칫 스마트폰과의존이나 인터넷과의존에 대하여 과다사용(Overuse)이라는 표현으로 일반화하여 사용하였듯이, 게임중독을 과몰입 정도로 일반화하여 심리 상담 적으로 문제에 접근하고, 해결하고 있는 현재 상황에서 정신과적 치료 방법으로 전환하여야 하는 환경에 맞닥뜨린 것이다. 중독전문가인 정신과 의사 앨런 프랜시스(Allen Frances)는 행동중독이라는 용어에 대해서 우려를 표명했다. "인구의 35퍼센트가 어떤 질병을 앓는다면 그건 질병이 아니라 그저 인간 본성이다. 행동중독을 의학적 병리 현상으로 여기는 것은 잘못이다"라고 하였다. 국내의 경우도 지금까지 행동중독을 의료 문제가 아니라 사회적 문제로 여기고 대처해 왔다. 그렇기 때문에 WHO의 게임이용장애의 질병코드 부여 문제는 국가 사회적으로 커다란 사건일 수밖에 없다. 세밀한 분석과 신중한 결정이 필요한 이유다.

무엇보다도 게임이용장애를 판별할 수 있는 합의된 게임진단척도의 개발이 절실한 이유는 또 있다. 앞서 언급했던 게임중독척도들이 국내에 많이 존재하는 상황에서도 이해관계자들의 실효적 판단

뿐만 아니라 객관적 효과성에 대하여 서로 다른 의견들이 충돌하고 있기 때문이다. 국내의 경우 청소년들의 수면권 보장과 학습권 보호를 위하여 추진된 청소년보호법상의 청소년건전게임이용제도(게임 셧다운제)를 시행한지 수년이 흘렀음에도 아직 공식적인 게임중독 진단척도가 존재하지 않고 있다는 것은 그만큼 현실이 녹록치 않다는 것을 여실히 보여주고 있다. 이것은 우리만의 문제가 아니라 주요 게임 국가들인 미국, 영국, 독일, 일본, 중국 등을 포함하여 지구상의 모든 국가가 직면한 문제다. 게임중독의 질병코드 분류 문제는 산업적 측면뿐만 아니라, 국민 정신보건학적 측면에서도 중요한 이슈이기 때문이다.

공감하는 척도개발 가능한가

게임업계, 연구학계, 학부모를 비롯한 시민단체, 심리·정신신경학계 등 게임중독 이해관계자들이 모두 동의하고 만족할 수 있는 일치된 게임중독척도 개발이 힘든 이유는 무엇일까. 실제로 대부분의 인터넷게임중독척도들이 1998년도에 인터넷중독 연구자들이 제시했던 인터넷중독척도를 기준으로 인터넷게임중독척도를 개발하다보니 인터넷게임중독척도와 인터넷중독척도 간의 명확한 차별화에 대한 논란이 계속 반복되었다. 1996년에 인터넷중독을 처음 학계에 보고했던 골드버그(Goldberg.I)는 인터넷중독을 병리적이고 강박적인 인터넷사용으로 규정하였다.

진단기준으로서 약물중독 기준에서 원용한 내성, 금단, 갈망, 의도한 것 이상으로 인터넷을 사용하거나, 인터넷 사용에 대한 조절 실패를 겪거나, 인터넷에서의 다양한 활동(채팅, 쇼핑, 이메일 등)을 위하여 과도한 시간을 인터넷에서 보낸다거나, 인터넷 사용 때문에 가정, 사회, 직업, 레져(오락) 활동을 포기하거나 줄일 수밖에 없는 상황이 되거나, 인터넷 사용으로 중요한 약속을 못 지키거나 자신의 직업(학교생활 등)에 태만하게 되고, 그리하여 수면부족과 같은 현상을 겪거나 자신이 인터넷을 과도하게 사용하고 있다는 것을 인지하고 있으면서도 인터넷 사용을 끊지 못하는 현상 등을 진단기준으로 제시하였다. 인터넷 사용 12개월 안에 이러한 현상 중 3가지 이상에서 증세를 보일 때를 인터넷중독장애(Internet Addiction Disorder)로 진단했다.

인터넷중독이 알코올중독이나 마약중독과 마찬가지로 지각장애, 주의력 장애, 사고장애, 판단력 장애, 정신운동성 행동장애 및 대인관계 장애를 유발한다고 보고 병리적이고 강박적인 인터넷 사용의 진단준거를 개발하였다. 골드버그와 킴벌리 영 이후에 많은 게임중독 연구자들이 사용했던 인터넷중독척도의 요인들을 이용하여 인터넷게임중독척도를 개발하여 사용하거나, 골드버그와 영의 인터넷중독척도를 이용하여 게임중독 실태조사 및 연구를 진행하기도 했다. 골드버그와 킴벌리 영이 인터넷중독척도를 처음 개발한 이후에 게임플레이어들이 인터넷게임에 몰입하고, 인터넷게임이 게임의 주류를 이루다보니 인터넷중독척도를 이용하여 인터넷게임중독척도를 개발하거나, 인터넷중독척도를 인터넷게임중독척도로 변형하여 사용하는 것이 일반적 상황이었다. 또한 게임중독 연구자의 전공이 대부분이 심리관련 분야이다 보니 자연히 게임플레이어의 심리적 상태를 중심으로 게임중독척도가 개발될 수밖에 없었다. 그러다 보니 게임이라는 특성 요인 분석이 도외시되고, 인터넷게임중독척도 혹은 게임중독척도 개발도 그들의 기준과 연구방법으로 진행될 수밖에 없었을 것이다.

실제로 미국의 파손(Parsons)은 인터넷중독을 유발하는 유형으로서 MMORPG에 대한 탐색적 연구에서 MMORPG를 즐기는 플레이어들의 심리적 측정을 위해 외로움 척도(Loneliness Scale), 인터넷행동 및 태도 측정 척도(Internet Behaviors and Attitudes Scale), 사회적 지지 척도(Social Support Index)등 3가지 요소를 매개변수로 사용하여 MMORPG를 즐기는 미국 게임플레이어들의 게임중독을 측정했다. 그리고 MMORPG를 즐기는 플레이어들의 중독성향을 진단하기 위해 킴벌리 영의 진단척도(Diagnostic Questionnaire)에 "인터넷 사용으로 인한 문제 발생 시 전문가의 도움을 받았는가?"라는 문항을 추가하여 MMORPG를 즐기는 플레이어들의 인터넷중독률을 측정했고, 그 결과로 MMORPG가 인터넷중독의 주요 요인이라고 결론짓기도 했다.

영국의 노팅엄트렌트대학교의 국제게임연구소의 그리피스(Griffiths, M.D.)교수와 다니엘 킹(King,D.)등은 자신의 2009년 논문《비디오게임 플레이어들의 심리적 연구(The Psychological Study of Video Game Players)》에서 게임중독연구자들의 게임연구 및 실험을 비교 분석하였다. 수십 년간 게임중독에 관한 연구들이 심리학자들에 의하여 양산되었지만 만족할 만한 성과를 거두고 있지 못하고 있다고 지적하였다. 그 이유를 몇 가지로 요약하였다. "첫째는 그들 연구들이 게임 플레이어만의 특징적 요소를 배제한 연구방법을 채택하고 있다는 것이다. 연구자들이 게임에 대한 이해부족으로 설문 문항을 게임플레이어에게 적합한 내용으로 구성하지 못하여 게임플레이어의 솔직한 응답을 구하지 못하고 있다. 둘째는 연구자들이 채택하고 있는 연구방법이 대부분 자신들이 연구하기에 편하고, 쉬운 방법을 채택하여 연구를 진행한다. 게임에 대한 정확한 지식과 경험이 부족하다보니, 가까운 주변사람들의 의견이나 조언을 듣고, 게임 플레이어들이 즐기는 게임에 대한 정확한 정보나 지식 없이 연구를 진행한다. 셋째는 게임플레이어들에게 설문 응답을 요청할 때도 설문에 응할 적합한 장소를 배제하고, 연구자가 접근하기 좋은 장소를 택하든가, 설문 문항이 너무 게임중독이라는 것을 노골적으로 표현함으로써 게임플레이어들이 솔직한 응답을 하기에 거북스럽게 하여 솔직한 답변을 구하는 데 실패한다"고 지적했다.

국가별/학문분야별 논문 비중 (중복집계, 상위 10개국)

국가	논문편수	정신의학 28.4%	심리학 24.4%
대한민국	91	59.3%	15.4%
중국	85	49.4%	28.2%
미국	83	31.3%	38.6%
독일	64	50.0%	29.7%
호주	38	26.3%	65.8%
영국	37	24.3%	59.5%
프랑스	32	46.9%	40.6%
스페인	25	20.0%	60.0%
타이완	24	62.5%	16.7%
터키	21	33.3%	19.0%

지리적 분포

대한민국 > 중국 > 미국 > 독일

가장 많은 논문을 발표한 국가는 한국(91편). 이어 중국 미국 독일의 순서.

한국의 경우, 논문 편수 뿐 아니라 인구당 논문 편수에서도 1위를 차지하고 있어 게임 중독 연구에 있어서 한국의 영향력은 상당히 크다고 볼 수 있다.

게임의 질병화 메타분석 자료. 출처: 윤태진 연구보고서

이러한 현상은 국내의 경우도 예외가 아니다. 연세대학교 윤태진 교수가 지난 5년간 국내외 연구논문 1500여편을 분석한 결과를 바탕으로 한 메타분석 연구《게임의 질병화: 게임중독에 관한 학술적 연구와 문제점》에서 따르면 "구체적 분석이 들어간 논문 721편 중에서 해외 학술지에 발표된 논문을 중심으로 살펴본 결과 한국 학자의 논문이 91편으로 가장 많았다고 한다. 그만큼 게임에 대한 국내 연구진들의 관심이 높다는 것을 증명한다. 특히 한국과 아시아권은 정신의학 쪽의 논문이 우세했고, 미국과 유럽은 심리학 쪽이 우세한 편이였다"고 하였다. 또한 "한국, 중국, 대만은 90% 이상이 중독을 전제하고 연구를 시작했다"고 덧붙였다. 특히 주목할 점은 2018년에 가까울수록 게임중독을 미리 전제한 연구가 늘어나는 추세였다고 분석하였다. 게임중독의 개념 정의에 대한 학술적 합의도 없었고, 연구물마다 사용한 게임중독진

단도구 및 게임중독척도가 일관성이 없고 상이하였다고 분석을 하였다. 또한 게임연구들이 다양성 및 타당도에 대한 확신도도 부족했다고 지적하였다. 결과적으로 "게임중독에 대한 학술적 근거가 명확하지 않고, 게임중독의 질병의료화를 주장하는 제시 집단과 대응 집단 간의 경쟁 및 충돌이 벌어지고 있다"고 비판하였다.

메타분석이다 보니 게임중독척도의 구체적 상이점에 대한 세밀한 분석이나 관련 특정게임에 대한 연관분석의 내용을 찾아 볼 수는 없지만 게임관련 연구물들이 물질중독이나 행동중독인 도박중독의 연장선에서 벗어나지 못하거나 인터넷중독의 범위에서 게임중독연구가 횡보하고 있는 것만은 미루어 짐작할 수 있다. 국내 게임연구의 전형적 사례를 지적하고 있다고 할 수 있다. 또한 2020년 조현섭 외 3인이 〈전문가들의 판단에 미치는 요인연구-게임이용장애 질병코드화를 중심으로〉라는 논문은 조사대상으로 삼은 심리학회 정회원 145명 중 게임관련 임상경험자수 82명, 임상경험이 없는 39명이었다. 특이 사항은 게임에 대한 경험이 있는 전문가일수록 청소년의 게임이용에 대하여 긍정적 인식이 높은 반면 게임에 대한 경험이나 지식이 적을수록 청소년의 게임이용에 대하여 부정적 인식이 높게 나왔다는 것이다. 그만큼 게임중독 상담 및 연구 일선에 있는 전문가들도 자신의 게임경험 유무에 따라서 게임에 대한 긍정·부정 인식에 편차가 크다는 것을 보여주고 있다.

그리피스는 자신의 논문에서 이러한 문제점 해결 방안을 제시했다. 해결방안으로 제시한 내용은 다음과 같다. "첫째는 연구자들은 자신이 연구하고자 하는 게임을 직접 플레이어 해보아야 한다. 그렇지 않으면 게임이 갖고 있는 특징을 파악할 수 없으며, 게임플레이어의 심리를 이해할 수 없다. 둘째는 게임관련 모임 등에 직접 참여하여 게임플레이어들과 친밀감을 쌓아라. 그래야 게임플레이어들의 솔직한 응답을 받을 수 있는 팁을 얻게 되고 다양한 게임플레이어의 심리적 모습들을 파악할 수 있는 기술을 습득할 수 있다. 셋째는 수시로 게임관련 정보와 지식을 습득하는 자세가 필요하다. 게임플레이어가 즐기는 게임도 다양하고, 게임마다 특성이 다르기 때문이다. 넷째는 자신의 연구물을 학회지에 게재하듯이 게임 연구 내용을 쉽게 다뤄서는 안된다고 지적하였다. 게임연구는 게임플레이어의 심리·행동적 문제를 다루기 때문에 자칫 일반 연구물과 같이 쉽게 다루면 게임플레이어들의 반감을 살 수 있고, 자칫 게임플레이어들이 등을 돌리게 되는 경우도 생기기 때문이다"고 했다.

WHO는 한발 더 나아가서 인터넷게임 뿐만 아니라, 모든 종류의 게임을 포괄한 게임이용장애준거를 제시함으로써 게임이용장애척도는 이제 인터넷게임이라는 범주에 맞춘 게임중독척도 개발은 별 의미가 없는 환경이 되었다. 따라서 이제부터는 인터넷게임중독척도가 아니라 모든 게임을 적용 대상으로 하는 게임이용장애척도를 개발하여야 한다.

인터넷의 다른 서비스와 달리 모든 형태의 게임은 게임만이 갖고 있는 공통된 기본원칙이 있다. 즉 자넷 머레이가 말했듯이 목표(goal), 규칙(rule), 피드백 시스템(feedback system), 자발적 참여(voluntary participation)"라는 4가지 기본 원리로 게임은 작동한다. 어떤 장르의 게임이든 디지털게임이라고 명칭을 달고 있는 게임은 모두 같다. 게임개발자는 이러한 기본원칙 속에 다양한 부가 기능들을 첨가하여 플레이어들의 관심과 자발적 참여를 유도하고, 플레이어가 게임 속에 머물게 한다. 특히 인터넷게임은 게임의 기능과 인터넷의 기능이 융합되어 있고, 게임 플레이어는 게임의 주체자로서 게임을 즐긴다. 즉 플레이어를 게임에 몰입하도록 유도하는 것은 게임이 제공하는 4가지 기본원칙을 바탕으로 "도전과 자신의 기술의 조화, 과제에 대한 집중, 자신의 게임 행동과 의식의 통합, 게임에 대한 자신의 통제감, 게임에 집중함으로써 게임에 빠져드는 몰입 상태, 게임에 집중함으로써 잃게 되는 시간감각의 왜곡, 그리고 자기가 목적하는 게임 속의 경험" 등을 통하여 플레이어는 게임 속의 아바타와 동일체가 된다. 자신이 주체자로서 게임을 주도하며, 게임이 이러한 상태를 지속하게 하는 환경 설정이 되지 않으면 플레이어는 좌절하거나 실망하여 게임 진행을 멈추거나 게임을 로그아웃한다.

게임은 그래픽, 사운드, 게임시나리오, 게임의 상호작용(플레이어와 인터페이스), 그리고 게임시점(1인칭 게임 혹은 3인칭 게임)이라는 게임제작 기술을 기반으로 하여 게임의 가상세계를 마련하고, 가상세계에 각종 이벤트 및 아이템 등을 제공하여 플레이어의 대리자아인 아바타를 통하여 가상세계에서 다른 플레이어의 아바타와 새로운 세상을 만들어 갈 수 있도록 환경을 제공한다. 게임이 제공하는 가상세계는 플레이어에게는 게임 속에 들어가 플레이하는 그 시점에는 또 다른 현실세계인 것이다. 플레이어는 인터넷게임이 제공하는 익명성과 참여자 간의 커뮤니케이션, 커뮤니티 기능을 이용하여 게임 속에서 게임 경험, 게임 기술 등을 공유한다. 게임을 실행하는 플레이어는 게임 속에서 자신의 목적을 이루면서 성취감(플레이어에 따라서 통제감으로 대신하기도 한다)을 느끼며, 때로는 다른 플레이어와 경쟁하거나 협력할 수 있는 기능과 기술 등을 공유한다. 존스 홉킨스대학교의 게임중독전문가 앤디 도언은 애덤 알타와의 인터뷰에서 중독성 있는 게임에는 세가지 결정적인 요소가 있는 데 그것은 자신이 게임 속에 있다는 몰입, 게임 속에서 무엇인가를 해냈다는 성취감, 그리고 사회적 관계라고 언급한 것도 같은 맥락이다.

스탠드얼론게임(인터넷으로 서비스 되지 않는 비디오게임이나 컴퓨터게임처럼 독자적인 플랫폼 게임 등을 말함)과 인터넷게임은 게임의 기본적 속성을 공유하면서도 각각의 영역별로 독자적 기능을 제공하여 플레이어가 즐거움을 경험하도록 한다. 이런 과정 속에서 일부 플레이어는 가상세계에 너무 몰입되어 현실생활에 지장을 줄 정도로 게임에 과의존한다. 디지털게임이 본래 가지고 있는 속성인 상호작용성, 즉각적인 피드백, 보상체계가 플레이어를 가상세계에 가둔다. 플레이어는 실제세계를 대하는 것처럼 이 가상세계를 탐색하고 상호작용한다. 게임의 가상현실은 촉각, 청각, 시각 등 다중 감각의 피드백을 제공한다. 그렇다보니 게임심리연구자들은 게임을 과다 이용하는 플레이어의 행위를 중독이라고 표현하기도 한다.

《멈추지 못하는 사람들》에서 뉴욕대학교 스턴경영대학원 교수 애덤 알터(Adam Alter)는 테크놀로지 시대의 새로운 재앙으로 행동중독을 언급하고 있다. 그는 '왜 행동에 중독되는가'를 설명하면서 많은 지면을 할애하여 행동중독의 원인을 목표중독, 피드백중독, 향상중독, 난이도중독, 미결중독, 관계중독으로 나열하여 설명하고 있다. 저자는 행동중독 설명의 편의성을 위하여 이러한 분류법을 사용하였을 것이다. 행동중독을 이렇게 분류하는 것이 의학적 혹은 학문적으로 합당하냐는 의견은 중요치 않다. 그가 행동중독의 요소를 목표, 피드백, 향상, 난이도, 미결, 관계 등으로 분류하여 행동중독을 해석하고 있는 것을 게임에 적용해 보면 어딘가 일치성이 있는 듯해 보인다. 그의 전문 연구 분야가 게임중독과 그다지 관련성이 많아 보이지 않지만 게임의 몰입 특성을 일부 해석해 내고 있다.

게임중독척도를 개발하는 데 있어서 간과하지 말아야 할 것이 바로 테크놀로지의 특징을 먼저 파악하여야 한다. 왜 인간은 새로운 테크놀로지에 그토록 열광하고, 매료되는지를 가늠하여야 한다. 그리피스의 언급처럼 행동중독의 원인으로 지목하는 게임 실체에 대한 깊은 지식과 정보 없이 게임의 과다이용을 기존의 물질중독이나 도박중독의 판단 기준으로 게임중독을 판별하는 것은 바람직하지 않다.

게임 장르를 분류하자면 현대 게임들은 여러 가지 장르가 복합되어 서비스가 되고 있어 혼란을 더한다. 그러나 게임연구자들은 게임 장르의 기본 속성을 중심으로 액션게임, 슈팅게임, 어드벤처게임, 롤플레잉게임, 스포츠게임, 퍼즐게임 등으로 분류를 한다. 학자들에 따라서 슈팅게임에서 일인칭슈팅게임(FPS)을 따로 분류하기도 하지만 일인칭슈팅게임을 슈팅게임에 포함하여 분류하는 것이 일반적이다. 또한 액션게임 장르를 격투게임, 슈팅게임, 플랫폼게임 등으로 분류하기도 한다. 굳이 게임을 분류하는 이유는 게임플레이어가 게임과 소통하고, 참여하는 방법이 각기 다르기 때문이다. 물론 게임이 진화하면서 게임 장르가 융합되어 개발된 게임들이 상용화되면서, 게임 장르를 분류하는 것이 무척 어려워졌고, 혼란스럽지만 게임중독을 판별하는 도구의 개발에서는 필수불가결한 작업이라 생각된다.

미국의 게임사인 라이엇게임즈가 개발하여 서비스하는 <리그 오브 레전드>의 경우 대전게임으로서 10명이 5대5로 팀(작은 대전의 경우는 3대3)을 갈라서 상대편의 넥서스를 파괴하면 승리하는 온라인대전게임이다. 게임의 장르는 MOBA(Multiplayer Online Battle Arena)라고 하며, RTS게임(Real-time strategy game)[8]과 RPG게임(Role playing game)[9]을 융합하여 제작된 전략 대전게임이라고 볼 수 있다. 2000년 중반 국산 블록버스터 온라인게임 <리니지 2>와 2005년 상용화를 시작하자마자 세계적인 반향을 일으킨 <월드 오브 워크래프트>의 경우도 RPG장르에 다중 플레이어가 게임에 참여하는 방식의 MMORPG로 발전하였다. 인터넷이 발전하면서 온라인게임의 장르는 복합형식을 띠면서 발전하고 있다. 그럼에도 불구하고 고전적으로 게임 장르를 분류하던 방식에서 크게 벗어나지는 않고 있다. 즉 기본 게임 장르를 기반으로 하고, 여기에 다른 장르를 차용하는 형태로 발전하거나, 개발 초기부터 여러 장르를 혼합하여 개발하는 형태로 게임은 발전해 가고 있다.

게임이용장애척도 개발과 관련하여 주목해 보아야 할 첫 번째 과제는 게임의 특성에 따른 플레이어의 육체적·심리적 상황 변화를 감지해 내는 것이다. 그래야 게임플레이어의 심리적 상태를 읽어낼 수 있기 때문이다. 다시 애덤 알터로 돌아가 보자. 그는 테크놀로지의 행동중독을 일으키는 첫 번째 중독 유발 요인으로 목표를 들었다. 인간이 어떤 것을 추구하면서 자신의 목표를 세웠을 때에는 물불을 가리지 않고, 온 정신을 그곳에 쏟는다고 한다. 마라톤 주자가 42.195km를 완주하는 데 자신이 세운 기록을 달성하고자 목표를 정하고 나면 목표 달성을 위하여 온 힘을 기울인다고 한다. 게임에서도 게임이 부여하는 목표 달성을 위하여 겪고 넘어야할 퀘스트들을 해결하기 위하여 다양한 장애물과 위험을 감수하여야 한다. 플레이어는 게임 속에서 주어지는 미션 중 자신이 달성하고자 하는 목표를 설정하고, 그 목표 달성을 위하여 끊임없이 게임에 집중한다. 비록 자신이 추구한 목표를 달성 못하더라도 다음 기회를 엿보며 새로운 방법을 모색하고 게임 기술을 연마한다. 끝없는 도전 끝에 목표를 이루었을 때, 그것이 큰 성과든 작은 성과든 그것이 끝은 아니다. 하나의 목표를 완수하면 또 다른 목표를 향하여 도전한다. 그러면서 게임 속에서 굳건하게 주인공으로 자리 매김한다. 그것이 설령 최고 레벨의 권좌가 아니라도 말이다. 그래서 MMORPG를 비롯한 엔딩이 없는 게임을 플레이어들은 쉽게 떠나지 못하는 것이다. 1단계 목표가 달성되면 게임 속에서 주어지는 다른 제2의 목표가 있기 때문이다.

둘째 게임은 즉각적인 피드백을 통하여 플레이어와 소통한다. 플레이어가 게임의 실행 과정에서 끊임없이 퀘스트를 수행하면서 얻는 결과는 즉시성을 띤다. 게임은 한차례의 망설임도 없다. 그것이 레벨업이든 다른 아이템의 습득이든 모든 행위의 결과에는 즉각적인 피드백이 주어진다. 그래서 플레이어는 열정을 다하여 게임에 집중한다. 게임 속에서 자신의 아바타는 성장을 거듭한다. 게임에 쏟는 시간이 많을수록 아바타는 게임 속에서 성장 가능성이 높다. 게임 기술이 더욱 향상될수록 어려운 퀘스트를 풀고, 역경을 이겨내고, 상대방과의 경쟁에서 다른 플레이어를 압도한다. 그러면서 때로는 혼자 해결할 수 없는 난관에 봉착 했을 경우는 게임에 참여하고 있는 다른 플레이어에게 도움을 요청하여 문제를 해결하기도 한다. 자신의 게임기술을 커뮤니티의 다른 플레이어에게 전수하기도 한다. 이러한 과정을 걸쳐서 플레이어는 게임에 몰입되어 재미를 느낀다.

결국 게임이 플레이어에게 주는 몰입적 요인들을 요약해 보면, 게임의 본래적 속성에 따른 몰입요인(가상세계, 상호작용성, 게임시나리오, 게임시점, 경쟁, 통제감, 성취감, 보상, 대리자아 등)과 인터넷의 특성을 도입한 게임속의 몰입적 요인(커뮤니티, 대인커뮤니케이션-채팅, 익명성 등)으로 요약해 볼 수 있을 것이다. 그러나 이러한 요인들이 모두 다 동시에 발생하는 것이 아니라 게임의 성격, 게임을 대하는 플레이어의 심리적 요인에 따라서 몰입의 상황은 변할 수 있다. 게임장르 중 게임의 몰입 요인 중 생략되거나 기능 자체가 없는 경우도 있기 때문이다. 따라서 게임 자체의 몰입적 요인을 구별하는 중요 사항은 이러한 게임과 인터넷의 몰입 요인을 어떻게 게임매체 속에 기획되어 배치되고 있느냐에 따라서 게임의 과의존 요인을 찾아 낼 수 있다.

게임장르 중 MMORPG의 경우는 텍스트 중심의 MUD(텍스트 기반의 롤플레잉 게임 장르를 일컫는다. RPG의 시초다)에서 유래하였다. MMORPG는 RPG에 인터넷의 속성이 결합된 새로운 장르로서 중국 및 아시아권을 비롯하여 일부 유럽, 북미 등에서 인기 있는 게임의 장르다. MMORPG를 즐기는 플레이어가 늘어나면서 자연스럽게 인터넷게임의 대명사로 자리 잡게 되었다. 그렇다보니 인터넷게임중독 연구물 대다수가 인터넷중독의 하위유형 중 게임이용자가 제일 많고, 인터넷중독과 많은 유사성을 갖고 있는 MMORPG을 비롯한 MOBA 등과 같은 게임을 연구 대상으로 한 연구물이 유독 많다. 그 결과 인터넷게임중독과 인터넷중독을 같은 범주로 분류하여 중독을 설명하거나 연구를 진행하는 경우가 많다. 인터넷중독의 요인들을 인터넷게임중독에 적용하여 연구가 진행되고, 게임과의존자를 판별해 내는 경우가 종종 발생한다. 이러한 연유로 게임관련 업계 및 연구자들은 그들이 인터넷중독척도를 이용하여 게임중독자를 판별해 내고 있다고 비난하고 있는 것이다.

실제로 영국의 심리학자 우드(Wood)같은 경우는 자신의 논문《비디오게임중독에 대한 문제(The problem with the concept of video game addiction)》에서 게임중독에 대한 오해와 문제점을 지적하였다. 게임중독 연구자들은 "게임중독이란 단어를 너무 쉽게 자의적으로 남용하여 사용하고 있다"고 지적하였다. 인지적 현저감(cognitive salience), 내성(tolerance), 행복감 혹은 도취감(euphoria) 등은 게임중독 여부 측정의 주변적 기준이며, 이를 기준으로 마련된 척도는 게임중독자를 측정하기 위한 기준이라기보다는 일반 게임플레이어들의 게임몰입 측정을 위한 기준이라고 지적했다. 반면에 플레이어의 주변인들(부모, 형제 등)과 충돌 혹은 갈등(conflict), 금단현상(withdrawal symptoms), 게임의 조절실패(relapse), 게임 애착의 강화(reinstatement), 현저감(salience) 등이 게임중독 측정의 중심 기준이 되어야 하며, 이중 일부 기준을 차용하여 게임중독을 측정하는 것은 연구에 문제가 있다고 주장하였다. 게임중독은 인터넷을 통하여 제공되더라도 도박중독, 인터넷중독과는 차별적 요인으로 중독자를 판별해 내야 한다는 것이다. 지금까지의 인터넷게임중독을 인터넷중독의 하위유형으로 분류하여 마련한 판별 기준을 버려야 한다고 주장하였다.

지금까지 인터넷게임중독을 언급할 때 일반적으로 거론되는 중독요인들이 물질중독자들에게서 나타나는 갈망, 내성, 금단 증상들이 게임과의존자들에게 일반적으로 나타나는 증상인가에 대해서는 연구자들마다 다르기 때문에 일반화할 수 없다. 하지만 연구된 많은 인터넷게임중독척도들은 현저감, 갈망, 갈등, 내성, 금단, 일상생활장애, 조절실패, 게임행위 속임, 기분전환 등을 중독 판별 주요 요인으로 분류하고 있는 것이 현실이다. 이는 인터넷게임중독척도 개발 시 미국의 심리학자 킴벌리 영의 인터넷중독척도를 이용하여 제작하면서 나타난 현상이다. 인터넷게임을 인터넷의 음악, 뉴스, 정보, 포르노, 웹툰, 영상, 온라인 도박 등 다양한 인터넷콘텐츠와 같이 인터넷중독의 하위영역으로 취급하여 포괄적으로 인터넷중독의 범위에 포함시켜서 연구 및 분석을 한 결과다.

WHO가 게임중독을 게임이용장애라고 진단하고, 각국에 질병코드부여를 권고한 현시점에서 깊게 숙의해야 할 것은 지금까지 게임중독척도의 적용 주대상이었던 인터넷게임의 범주를 벗어나 모든 게임을 포괄하여 게임중독자를 판별할 도구를 개발하여야 한다. WHO는 게임이용장애에 대한 진단기준을 포괄적으로 제시하고 있다. WHO가 권고한 진단기준 자체가 효과적이고, 과학적으로 검증된 기준인 것이냐는 판단은 유보하더라도 게임의 종류, 매체, 장르를 가리지 않고, 모든 게임을 대상으로 하고 있기 때문이다. WHO는 "게임이용장애진단기준"을 ① 게임에 대한 통제 기능 상실. ② 삶의 관심사 및 일상생활보다 게임을 우선시 함. ③ 부정적인 결과에도 게임을 중단하지 못하면서 이러한 증상이 12개월 이상 지속될 때를 게임장애진단기준으로 제시하고 있다. 결국은 게임플레이어의 과의존적 요인인 게임의 조절 실패(통제실패), 현저감(게임에 대한 집착), 그리고 일상생활에 부정적 결과 초래를 진단기준으로 제시하고 있다.

① 게임에 대한 통제 기능 손상 ② 삶의 다른 관심사 및 일상생활보다 게임을 우선시 ③ 부정적인 결과에도 게임을 중단하지 못하는 현상	12개월 이상 지속

WHO의 게임이용장애기준

WHO의 권고사항을 준수하여 게임이용장애척도를 개발한다면, 위의 3가지 준거(통제기능실패, 게임에 대한 집착, 일상생활장애)에 근거를 두되, 한국의 게임문화에 적합한 게임이용장애척도를 개발하여야 한다. 게임이 제공하는 의존적 요소와 인터넷의 의존적요소, 그리고 게임을 이용하는 플레이어의 심리적 요소를 혼합하여 게임이용장애척도를 개발하여야 한다. 그러나 게임의 종류가 너무 많고, 게임을 제공하는 매체가 다수인 환경에서 일반적 게임이용장애척도의 개발은 어렵고, 실효성을 담보할 수도 없다. 따라서 한국에서 가장 많이 이용자를 확보하고 있는 게임 장르인 MMORPG유형과 대전게임을 비롯한 전략, 스포츠, 캐주얼게임 등을 분리하여 게임이용장애척도를 개발하면 어떨까 한다. MMORPG의 경우는 인터넷의 속성과 많은 유사 기능을 가지고 있고, 지금까지 많은 연구물들이 인터넷중독의 하위유형으로 인터넷게임을 분류하고 연구한 결과물을 분석해 보아도 그렇다. MMORPG, MOBA를 비롯한 어드벤처 등은 MMORPG형 게임이용장애척도로 개발하고, 기타 유형인 스포츠, 캐주얼 게임 등은 또 다른 인터넷게임이용장애척도로 개발하여 게임과의존자를 판별하고, 기타 스탠드얼론 유형의 게임(인터넷 연결로 게임을 하지 않는 유형의 게임)은 제3형의 게임중독척도 개발로 게임이용장애를 판별해 내야 한다. 예를 들어보자면 다음과 같다. 게임의 특성과 인터넷의 특성, 플레이어의 심리를 감안한 것이다.

게임적 특성요인인 "가상세계, 아바타(대리자아), 성취감 혹은 통제감, 아이템 갈등" 등이며, 인터넷 특성요인인 "커뮤니티, 채팅, 익명성" 등이며, 게임을 실행하는 플레이어의 심리적 요인 "현저감, 조절실패, 시간감각 상실, 일상생활장애, 주변인들과의 갈등, 금단" 등을 말한다. 스탠드얼론 유형 게임의 경우는 위 상황에서 인터넷 특성요인을 생략하면 된다. 세컨드라이프, 로블록스 등과 같은 유사 게임형은 제외한다. 파이디어적(모방적)인 성격을 띤 게임은 루드스적(경쟁적)인 게임과 차별적이기 때문이다. 물론 위의 요인들은 진행과정에서 다른 요인들이 첨가될 수 있다. 예시를 든 것에 불과하기 때문이다. 요인타당성과 신뢰성 등에 대한 검증과 함께 게임이용장애척도는 임상적 실험을 통하여 최종 마련되어야 한다. 선별도구와 진단도구는 구별되어야 하기 때문이다. 이러한 소기의 목적을 이루기 위해서는 게임중독 연구가 게임과다이용의 원인과 결과에 대한 변인연구에서 게임 이용과정의 심리·임상적 실험 연구와 가상공간에 대한 현상학적 탐구로 전환되어야 한다.

덧붙여

1. 미국정신의학협회가 발행하는 2013년 개정판《정신질환진단과 통계편람-5; Diagnostic and Statistical manual of Mental Disorder-5》을 말한다. 개정판에서는 '행동중독'을 추가하고 '물질남용과 의존'이란 표현을 '중독과 관련 장애'로 대체하였다.

2. 중독증후군 모형에 이론적 토대를 두고 DSM-IV-TR(2000)을 참조하여 7개 하위요인(조절 손상, 일상생활무시, 내성, 강박적 사용, 과도한 시간소비, 부작용에도 계속 사용, 금단)으로 구성된 성인용 게임중독척도다. 전국의 대학생 및 성인 2,000명을 대상으로 조사를 실시하였다. 또한 ADHD, 불안, 우울 등의 공존장애 증상의 상관을 통해서 척도의 공인타당도를 확인했고, 인터넷 게임중독척도와의 상관을 통해 수렴타당도를 확인하였다.

3. 인터넷중독을 DSM-IV의 병적도박진단준거를 원용하여 인터넷에 대한 강박적인 사고, 내성과 금단, 의도한 것 이상의 과도한 인터넷 사용, 인터넷 사용의 지속적인 욕구, 인터넷 사용으로 다른 활동에 대하여 흥미 감소, 과도한 인터넷 사용으로 인한 부정적인 결과 초래(직장생활 지장 초래, 학업성적 부진, 가정생활 소홀, 친구관계 소원 등)에 대하여 무시하는 태도 등을 인터넷 중독 진단 기준으로 설정하고, 병리적 인터넷 사용(Pathological Internet Use)으로 진단하였고, 인터넷중독을 충동

조절장애의 한 유형으로 분류하였다.

4. 인터넷중독자가진단척도(영, 20문항)

아래질문에 총점이 70점이상이면 '인터넷중독'일 가능성이 높다.

전혀없다(1점) 드물게 있다(2점) 가끔있다(3점) 자주있다(4점) 항상있다(5점)

(1) 생각하였던 것보다 오랜 시간 인터넷을 이용할 때가 있는가.

(2) 인터넷을 이용하느냐고 가정의 일이나 역할을 소홀히 한 적이 있는가

(3) 배우자나 친구와 지내는 것보다 인터넷을 하는 것을 선택한 적이 있는가

(4) 인터넷에서 새로운 친구관계를 만들었는가

(5) 인터넷사용 시간 때문에 주위사람들에게 불평을 들은 적이 있는가

(6) 인터넷 때문에 학교성적이나 학업에 지장을 초래한 적이 있는가

(7) 해야 할 일이 있는데도 불구하고 이메일을 먼저 확인한 적이 있는가

(8) 인터넷 때문에 업무 능률이나 성과가 떨어진 적이 있는가

(9) 다른 사람에게 인터넷으로 무엇을 이용하는지 질문을 받았을 때 방어적이 되거나 감추려고 한 적이 있는가

(10) 일상생활의 고민을 해결하고자 인터넷으로 마음을 가라앉히려 한 적이 있는가

(11) 다음번에 자신이 인터넷을 이용하는 모습을 상상한 적이 있는가

(12) 인터넷이 없는 생활은 지루하고 시시할 것이라고 지레 겁에 질려 본

적이 있는가

(13) 인터넷을 이용하는 중에 누군가의 방해를 받아서 짜증이나 화를 내거나 큰소리를 지른 적이 있는가

(14) 수면시간을 줄여가면서 인터넷을 한 적이 있는가

(15) 인터넷을 하지 않을 때도 인터넷만을 생각하거나 인터넷을 하는 모습을 상상할 때가 있는가

(16) 인터넷을 하고 있을 때 '앞으로 몇 분만 더'라고 말하는 자신을 깨달은 적이 있는가

(17) 인터넷을 하는 시간을 줄이려고 해 보지만 실패할 때가 있는가

(18) 인터넷하는 시간을 감추려고 한 적이 있는가

(19) 누군가와 외출을 하는 것보다 인터넷을 하는 것을 택한 적이 있는가

(20) 인터넷을 하지 않을 때 우울해지거나 짜증이 나다가도 다시 인터넷을 하며 불쾌한 감정이 사라진 경험이 있는가

5. 레멘스 외(LEMMENS et al.,2009)는 그리피스와 데비스(Griffiths & Davies,2005)의 이론에 기초하여 MMORPG 중독진단 척도를 개발하였는 데. 이들이 개발한 척도는 그리피스와 데비스 등이 DSM(Diagnostic and Statistical Manual of Mental Disorder)에 기초하여 개발한 척도를 기초로 하여 MMORPG를 즐기는 중·고등학생을 대상으로 온라인게임 중독 측정용으로 개발한 것이다. 또한 척도의 타당성을 입증하기 위하여 청소년 게이머들의 심리적 변인으로서 국내외 연구들에서 많이 사용한 게임에 소비하는 시간(time spent on games), 삶

의 만족도(life satisfaction), 외로움(loneliness), 사회적 효능성(social competence), 공격성(aggression) 등을 측정하는 척도를 매개변수로 사용하여 중·고등학생을 대상으로 연구 측정하여 MMORPG중독진단척도를 개발하였다. 그는 MMORPG중독진단척도로 21문항과 7문항 2가지를 개발하였다.

7문항의 MMORPG의 중독척도는 다음과 같다.

(1) 현저감(Salience : 행동을 하지 않아도 마치 그 행동을 한 것처럼 생각하는 돌출 행동)
게임중독자들에게는 게임플레이 자체가 일상생활의 어떤 일보다 중요하다. 일상생활의 다른 행동들은 게임중독자들에게는 종종 중요성이 간과되며, 게임중독자들의 생활에서는 눈에 띄게 게임플레이 모습이 많이 노출된다. 다른 중독과 마찬가지로 중독 성향에 대한 보고가 미진한 것은 게임중독에서도 나타나는 전형적인 모습이다.

(2) 내성(Tolerance : 특정행동에 대하여 바라는 바를 이루기 위하여 특정행동을 늘리는 성향)
게임중독자들은 게임플레이 시간을 늘려만 간다. 비중독자에 비하여 중독자들은 게임 플레이 시간이 절대적으로 많으며, 게임플레이 시간을 자신도 모르게 늘려간다.

(3) 평온한 기분상태 (Mood modification : 특정행위를 하고 난후에 편안한 감정을 느끼게 되는 기분의 변화)

게임중독자들은 일반적으로 게임을 플레이함으로써 우울증이 줄었다고 한다. 우울증은 많은 요인 중에 하나 일 것이나, 종종 주위 사람들과의 관계가 부정적인 상황에서 자신감을 회복한다고 주장한다. 게임을 하고 있을 때 심리적 안정감을 느낀다고 주장한다.

(4) 금단(Withdrawal: 특정 행위를 줄이거나 중지시키려고 시도할 때 안절부절 못하거나 과민해지는 상태)

게임플레이는 게임중독자에게는 기분을 전환시키는 효과가 있는 반면에 게임 접속에 실패할 경우에는 심한 스트레스를 받는다. 그 결과 주의력 결핍이나 초조감을 느끼며, 게임에 접속하려고 끝없는 노력을 기울인다.

(5) 조절실패(Relapse : 특정 행위의 초기 상태로 돌아가게 되는 재발)

게임중독자들은 게임사용을 중지하기가 쉽지 않다. 중독에 의하여 끊임없이 게임에 접속하여야 만족한다. 주위환경이나 사람들과의 접촉에서 불만족을 해소하기 위하여 게임을 찾으며, 게임의 과다 사용이 자신에게 해가 된다고 느껴 게임플레이를 중단해 보지만 번번히 실패한다.

(6) 갈등(Conflict : 특정행위로 인해 자기 자신 또는 주변사람들과 겪게 되는 갈등)

게임중독자들은 가정·직장·학교생활에서 주위 사람들과 갈등을 일으키며, 개인 간의 사교성에서도 문제를 유발한다. 게임을 둘러싼 문제를 해결하기 힘들고, 주위사람들의 충고에 반발하며 주위사람들과 어울리지 못한다.

(7)문제발생(Problems : 지나친 게임 사용으로 학교생활, 직장생활, 사회생활에 지장 초래)

게임중독자들은 지나친 게임 사용으로 인하여 학교생활을 소홀히 하여 학력저하의 문제를 발생시키고, 직장에서 해고가 되거나, 사회생활에 적응을 못하여 집안에 틀어박혀 게임만하는 고립된 생활을 초래하기도 한다.

6. 남녀는 지능수준은 비슷하나 지능을 담당하는 뇌구조에는 상당한 차이가 있다고 한다. 미국 어바인 캘리포니아 대학의 리처드 하이어 박사는 신경학전문지 '뉴로이미지' 최신호에 발표한 연구보고서에서 지능과 관계된 부위는 남성은 뇌의 회색질(gray matter)에 많고 여성은 백색질(white matter)에 많다고 밝혔다. 회색질은 대뇌반구의 바깥쪽 표면을 싸고 있는 곳으로 정보처리 중추이고 백색질은 그 안쪽에 있는 부위로 정보처리 중추와의 연결을 담당하는 곳이다. 하이어 박사는 자기공명영상(MRI)과 인지기능 테스트 등을 이용, 지능과 관련된 뇌조직 지도를 작성한 결과 회색질 가운데 지능과 관련된 부분은 남성이 여성보다 6.5배 많고 백색질에서 지능과 관련된 부분은 여성이 남성보다 10배 많다는 사실이 밝혀졌다고 말했다.

7. 인터넷게임의 경우는 클라이언트/서버시스템(Client/Serve Architecture), 아바타의 육성(Character Development) 및 아이템파워업시스템(Material Advancement), 사회적 관계시스템(Social Systems) -공간 커뮤니케이션(Spatial Communication), 채팅채널(Chat Channels), 이메일시스템(E-Mail), 이모티스(E-motes), 길드 시스템(Guilds) 등과 같

은 특징을 가지고 있다.

8. 실시간으로 진행되는 전략 게임을 뜻한다. 일반적으로 자원을 채취하고, 그 자원으로 건물을 짓거나 병력을 생산하고, 문명을 발전시키거나 전쟁에서 승리하면 끝나는 전략 게임의 형태를 따르고 있다.

9. RPG게임 : 역할을 수행하는 놀이를 통해 캐릭터의 성격을 형성하고 문제를 해결해 나가는 형태의 게임. 롤플레잉게임의 시초는 컴퓨터가 없이 이야기와 함께 대화를 통해 게임을 진행하는 테이블 롤플레잉게임(Table Role-Playing Game)에서 유래했다. 1974년 등장한 <던전스 앤 드 드래곤스(Dungeons and Dragons)>가 최초의 게임으로 알려져 있다. 이 게임은 영국의 작가 J. R. R. 톨킨의 《반지의 제왕》에 깊은 영향을 받은 것으로도 알려져 있다. 이후 롤플레잉게임은 컴퓨터로 매체를 옮겨 더욱 번성하게 되었다. 본격적인 컴퓨터 롤플레잉게임의 시작은 1981년에 등장한 <위자드리(Wizardry)>이며, 이후 울티마(Ultima) 시리즈와 디아블로(Diablo) 시리즈는 세계적으로 수천만 장의 판매량을 기록하기도 했다.
한편 일본에서는 위자드리에 자극받아 게임기 전용으로 독자적 정취를 지닌 게임을 발전시켜 <드래곤퀘스트(Dragon Quest)>와 <파이널 판타지(Final Fantasy)>와 같은 대형 흥행작들을 낳았다. 최근 롤플레잉게임은 온라인게임과 결합하는 양상을 띠고 있는데, 한국의 대표적인 게임인 <리니지>나 <뮤>는 모두 롤플레잉게임에 속한다. 두산백과사전

6장. 게임중독 예방과 치유

"너의 믿음은 네 생각이 된다.
 너의 생각은 네 말이 되고, 행동이 된다.
 너의 행동은 네 습관이 된다.
 너의 습관은 네 가치가 된다.
 너의 가치는 네 운명이 된다."
– 마하트마 간디

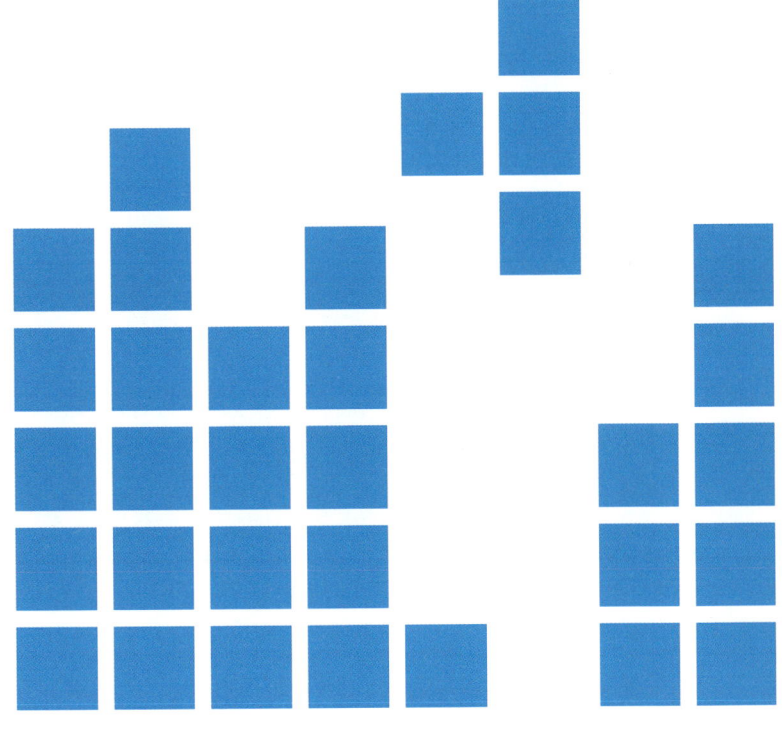

게임중독의 상담 현황

　게임의 행동중독을 치료하기 위한 의료적 모델은 아직 지구상에선을 보인 적이 없다. 지금까지 한국, 미국, 중국, 독일, 캐나다 등 여러 국가들은 각국의 실정에 따라서 예방적 차원의 심리 상담이나 치유적 개념의 전문센터 등을 운영하고 있을 뿐이다. 미국이나 독일 등에서는 인터넷중독치료센터 혹은 디지털미디어치료센터라는 명칭으로 병원 부설 혹은 사설상담센터 등이 운영되고 있다. 이들 센터들은 게임중독 범위를 넘어서 스마트폰 및 태블릿PC 등 디지털미디어 기기에 의존 성향을 보이는 사람들을 상담 치유하는 것으로 대상 범위를 넓게 잡고 있다. 반면에 중국의 경우는 정부가 직접 운영하는 400개가 넘는 인터넷중독치료센터에서 인터넷 및 게임중독관련 상담 및 치료를 담당하고 있다. 한국의 경우도 인터넷 및 게임중독관련 상담 및 치유센터가 설립되어 운영되고 있다. 중국과 다른 점이 있다면 정부가 공적기관에 재정지원을 하고 업무를 위탁하는 형태로 운영되는 곳이 대부분이란 점이다. 다만 게임업계가 세운 단체인 게임문화재단의 재정지원을 받아 운영하는 게임과몰입힐링센터는 독특한 경우이다.

　2002년 4월11일 국내 최초로 인터넷중독 상담과 인터넷중독 전문상담사 양성을 목적으로 한국지능정보사회진흥원(구 한국정보문화진흥원)내에 설립된 '인터넷과의존예방상담센터(설립 당시는 인터넷중독예방상담센터)'를 꼽을 수 있다. 인터넷과의존예방상담센터(현재는 스마트쉼센터)는 전국18개 광역시도에 상담센터를 세우고, 관련 상담기관과의 협의체를 구성하여 상담 및 예방교육 등을 실시하고 있다.

2004년부터는 전 국민을 대상으로 매년 인터넷과의존실태조사를 실시해오고 있다. 실태조사는 국가공인통계로서 정부로부터 승인을 받고 실시되고 있다. 특히 인터넷사용자의 과의존을 평가할 진단척도인 인터넷과의존자자가진단척도(옛 명칭은 인터넷중독자가진단척도, 일명 K척도라고 일컬어졌다)를 비롯하여 온라인게임이용자의 과의존도를 측정할 온라인게임자가진단척도, 스마트폰사용자의 과의존도를 판별할 스마트폰과의존진단척도 등을 개발하여 국내 유관상담기관에 보급되어 사용되고 있다.

2014년 8월에 설립된 '국립 청소년 인터넷 드림마을'은 인터넷·스마트폰 과의존 위험군(위험사용군과 주의사용군) 청소년(만 13-19세)를 대상으로 집체상담 및 교육을 실시하고 있다. 전문 상담가가 운영하는 개인상담과 집단상담, 체험활동과 대안활동, 학생 스스로가 운영하는 자치활동, 부모교육. 부모상담 등의 프로그램이 있다. 규모를 보면 매년 약 22회차, 연인원 9,000여명을 대상으로 일반프로그램(1-2주)과 심층프로그램(3-4주)을 운영하고 있다. 그밖에 한국청소년상담복지개발원의 청소년상담복지센터(전국 약 600여개)와 교육부산하 전국 16개 지방교육청의 각 지역 교육지원청에서 운영하는 Wee센터 등이 있다. 이들 기관들은 청소년복지 및 정신건강 사업 등이 주 업무이며, 인터넷중독과 스마트폰 중독상담은 청소년 정신건강사업에 속한 사업의 일환일 뿐이다.

인터넷중독상담센터와 차별하여 게임의존이 심한 플레이어만을 상담 및 치료를 담당하는 곳이 있다. 게임문화재단이 후원하여 2011년 6월 중앙대학교병원내에 설립한 '게임과몰입힐링센터'가 그곳이다. 현재는 전국 권역별 지역힐링센터를 경북권(대구가톨릭대학병원), 전라권(국립나주병원), 충청권(건국대학교충주병원), 수도권(푸르메재단 넥슨어린이재활병원), 강원권(원주세브란스기독병원)에 두고 있다. 게임과몰입힐링센터의 특이점은 병원이 직접 게임에 의존이 심한 플레이어들의 상담과 치료를 담당하고 있다는 것이다. 게임에 의존성이 심한 게임플레이어를 게임과몰입자로 분류하고 상담 및 약물 치료를 병행하고 있다. 약물치료의 경우는 우울증, ADHD 등 공존질환이 있을 경우에 해당 담당 의사의 소견에 따라서 치료가 이루어진다. 게임에 의존성이 심각한 플레이어들을 '게임과몰입자'라고 지칭하는 것 자체에 대한 이견들이 있지만, 국내에서 일반적으로 게임중독에 대한 순화적 표현으로 사용하고 있다 보니 과몰입힐링센터라 명칭을 쓰고 있는 듯하다.

학부모들의 게임중독에 대한 우려에도 불구하고, 이렇게 게임중독 관련 상담센터들이 의료적 치료보다는 예방과 상담에 중점을 두고 운영되고 있는 것은 어떤 이유에서 일까. 게임중독을 치료적 개념으로 접근하기에는 많은 부분에서 취약성이 있기 때문이다. 게임중독을 행동중독으로 정의하고, 도박중독과 같이 치료적 접근이 쉽지 않은 것이 현실이다. 게임플레이어가 게임중독으로 판단되더라도 도박중독자들처럼 갈망, 내성과 금단 증상들이 지속적이지 않고, 사회적 폐해 사례 등이 다른 중독자들과 비교해 볼 때 심각성에서 낮은 수치를 보이기 때문이다. 고위험 게임중독자(게임중독자를 고위험군, 잠재적 위험군, 일반이용자군으로 분류하여 게임중독을 분류하고 있다. 보통은 잠재적 위험군까지 포함하여 게임중독군으로 분류하여 게임중독통계를 집계한다)의 경우도 우울증, ADHD 등을 동반한 공존질환자의 경우가 많고, 공존질환을 갖고 있지 않은 게임과의존자의 경우도 일정한 기간 게임중단 시기를 걸치면 게임중독 증상에서 빠르게 회복되는 경향을 보이는 사례가 많기 때문이다.

게임플레이어가 많은 미국, 일본, 영국, 독일 등에서 게임중독을 특정하여 게임중독치료센터를 개설하지 않거나 개설하지 않는 이유는 또 있다. 게임중독을 정신적 질병으로 분류하기에는 의학적 증거가 충분치 않고, 사회 경제적 측면에서도 득보다는 실이 많기 때문이다. 정신의학적 도움이 필요할 정도로 게임중독자들의 비율이 높지 않은 것도 이유가 될 것이다. 다만 예외적으로 중국의 경우 게임중독자들을 인터넷중독치료센터에 강제 입원시킨 후 서너 달 동안 병원에서 심리 상담과 약물 치료를 병행하고 있기도 하다. 게임중독자들은 병원에 입원한 후 약물치료 이외에도 혹독한 훈련을 받는다. 마치 군인들처럼 혹한에

행군과 같은 극기 훈련을 받기도 한다. 엄밀한 의미에서 볼 때 중독치료가 아니라 정신적 개조를 위한 훈련이라고 하는 것이 적당할 듯하다. 중국이라는 특수성이 반영된 정책적 사업이라고 보는 것이 합당할 것이다.

그동안 인터넷중독하면 게임중독을 지칭하는 것으로 인식되기도 했다. 인터넷중독자로 판별해낸 청소년 대부분이 게임과의존자들이었기 때문이다. 중국이나 한국 역시 스마트폰이나 태블릿PC등이 등장하기 전까지는 그랬다. 그러나 스마트폰의 등장은 이러한 환경을 바꾸어 놓았다. 새로운 디지털미디어의 출현으로 콘텐츠의 이용을 소비자가 자유롭게 선택할 수 있게 됨으로써 게임중독 혹은 인터넷중독으로 특정하여 분류하는 것 자체가 어려워졌다. 특히 스마트폰게임의 경우는 기존 게임이용자 뿐만 아니라 일반인도 연령층에 관계없이 게임을 이용하는 시간이 늘고 있다. 생활필수품으로 자리 잡은 스마트폰이 게임의 최대 이용기기가 될 날도 멀지 않아 보인다. 그렇게 되면 게임중독의 주요 원인으로 인터넷게임 혹은 온라인게임을 특정 하는 것 자체가 어려워질 것이다. 스마트폰게임을 통하여 서비스되는 소셜네트워크게임(SNG)을 비롯한 다양한 장르의 게임은 스마트폰 사용자를 게임플레이어로 빠르게 끌어들이고 있기 때문이다.

국내 최초로 정보통신부의 예산지원을 받은 한국정보문화진흥원(현재 명칭은 한국지능정보사회진흥원) 내에 2002년 인터넷중독상담

예방센터의 설립 당시에는 국내 인터넷이용자가 폭발적으로 늘어나던 시절이었다. 인터넷이용자가 증가하면서 일부 이용자층에서 일상생활에 지장을 초래할 정도로 인터넷 이용 시간이 많아지는 새로운 문화적 역기능 현상이 발생하고 있었다. 인터넷중독상담예방센터 설립 전에는 인터넷중독 관련 전문 연구자나 상담사 등이 전무한 상태였다. 간헐적으로 외국의 언론을 통하여 인터넷중독에 대한 외국 연구자의 논문과 사건 사고를 접하는 정도에 불과하였다. 실제로 인터넷중독상담예방센터 설립 필요성을 위한 사전 공개 토론회에서 발표된 국내 인터넷중독자들의 사례도 한국여성의 전화와 남성의 전화 상담사례 10건 등이 인용된 것이 전부였다. 특히 게임중독에 관한 사례는 거의 찾아 볼 수가 없었다. 1998년부터 서비스된 <스타크래프트>나 그 후에 서비스된 <리니지>가 젊은 층의 인기 문화 아이콘이었음에도 불구하고, 여전히 게임중독에 대한 연구자나 게임과의존자 문제에 대처할 전문가 그룹은 공백 상태였다.

게임중독에 대한 연구와 관심이 집중되기 시작한 시기는 2004년을 전후하여 온라인게임 플레이어의 이탈행위가 언론에 보도되면서 시작되었다. 게임과 폭력성에서 언급했듯이 국내 게임플레이어들의 이탈행위는 PC방의 전국적 확산과 인터넷망의 고도화로 게임을 즐기기 좋은 환경이 마련되면서다. 당시의 국내심리학자들은 미국의 심리학자 킴벌리 영이 인터넷중독의 하위영역의 하나로 지목했던 인터넷게임중독에 주목하기 시작하였다. 인터넷게임에 의존적 성향을 보이는 게임플레이어들에 대한 연구는 인터넷중독의 범위 안에서 인터넷게임중독자로 취급하는 것을 당연시하였다. 국내에서 인터넷게임중독 연구 및 상담은 인터넷중독의 하위영역으로 취급되어 인터넷중독과 인터넷게임중독은 깊은 상관관계에서 연구되는 것이 일반적이었다.

그렇다보니 많은 연구물들이 킴벌리 영의 인터넷중독척도를 인터넷게임중독척도로 활용하는 사례가 늘었고, 그것이 보편화되는 경향을 보였다. 실질적으로 인터넷중독상담예방센터의 내방자들도 대부분 인터넷게임에 의존이 심각한 게임플레이어들이었으니 그럴 만도 했다. 특히 대다수의 내담자들이 인터넷게임을 과다 이용하는 초중등학생이고 보니 인터넷중독상담 자체가 인터넷게임중독상담이었다고 보아도 무리는 없을 것이다. 후에 청소년의 인터넷게임중독자를 구별해 낼 '청소년용 인터넷게임중독진단척도'를 개발하여 사용하였지만 인터넷중독과 인터넷게임중독은 같은 맥락에서 연구 및 상담이 오랜 기간 지속되었다. 현장에서는 인터넷게임과의존자와 상담사들 사이에 공감 및 의사소통이 쉽지 않았다. 상담인력들이 전문 상담사(청소년상담사, 임상심리상담사, 중독상담사 등) 자격을 구비하고, 약물중독과 도박중독, 청소년 비행관련 상담 경험이 풍부하였음에도 불구하고, 게임에 대한 전문지식이 없다보니 내담자와 공감에 많은 애로를 겪기도 했다. 게임에 대한 정보와 지식이 널리 알려지고, 공유되고 상담 방법 및 상담 내용들이 깊이 연구되면서 점차 자리를 잡아가고 있는듯 하다. 그럼에도 불구하고 게임의 발전 속도가 너무 빠르고, 게임의 종류가 셀 수 없이 많아진 현재 상황에서 내담자 각각의 맞춤 상담이 더욱 어려워지고 있는 것도 현실이다.

이 시점에서 되돌아 볼 필요성이 있는 것은 게임의존 현상은 현대인에게는 누구나 겪을 수 있는 경험이자 어쩔 수 없이 겪는 생활주기의 일부분일 수 있다는 전제가 필요하다. 그 가운데는 스마트폰이 있다. 게임을 특정하여 중독으로 몰아가기는 애매한 메타버스시대를 맞이하고 있기 때문이다. 한국지능정보사회진흥원이 인터넷중독상담센터를 스마트쉼센터로 개명하여 상담 및 예방 교육에 초점을 맞추고 그 대상 디바이스를 스마트폰에 방점을 두고, 모든 연령층을 대상으로 누구나 쉽게 접근할 수 있는 상담센터로 운영 방향을 변경한 것도 같은 맥락일 터이다. 미디어에 지나친 의존성을 보이는 사람들을 사후에 상담 및 치료하기 보다는 사전에 예방적 차원의 교육과 상담이 먼저라는 인식에서다. 스마트폰이 일상생활에 미치는 영향이 적지 않다는 것을 암시하는 동시에 트랜스미디어시대를 능동적으로 맞이하고자 하는 공감적 행동의 일환일 것이다.

게임중독의 치료

중독의 영향은 사람마다 다르다. 중독은 어떤 사람에게는 생활에 부적응 현상을 주고, 어떤 사람에게는 건강에 치명상을 주며, 어떤 사람에게는 사람관계의 어려움을 겪게 한다. 가까운 사람들도 중독자 자신 못지않게 정신적 스트레스와 생활의 불안정감 등을 겪게 된다. 중독을 극복할 수 있는 가장 좋은 방법은 중독자 본인이 이러한 장애를 인지하고, 전문가의 도움을 적극적으로 받는 것이 최선이다. 당사자가 아닌 제3자가 쉽게 말하기는 쉽지만, 당사자는 습관화된 것을 떨쳐내기가 여간 어려운 것이 아니다.

필자가 모대학원에서 인터넷중독관련 강의를 할 때 나의 교과목을 수강하였던 한 학생의 사례는 지금도 기억에 생생하게 남아있다. 그 학생은 자신이 도박중독자라고 소개하면서 대학원에 입학한 이유를 짧고 명확하게 설명했다. "경마도박에 빠져서 젊은 20~30대를 허송세월 했다. 경마도박에 돈을 탕진한 것은 차치하고, 생활이 피폐해지고 가족관계 및 친구관계가 단절되었고, 삶의 허무함을 수없이 느껴 극단적 선택을 시도하기까지 했다. 도박에서 빠져나오기 위하여 전문병원 치료와 상담을 수 없이 받았고, 단도박(도박문제를 해결하기 위하여 서로의 공통문제를 공유하고, 경험과 희망 등을 같이 나누는 모임)에도 참여 하였다. 도박의 굴레에서 벗어난 단도박 회원의 생생한 경험담을 듣기도 하고, 비슷한 처지의 사람끼리 도박 경험을 공유하면서 도박에서 벗어나고자 무척 노력을 많이 하였다. 그러나 그것도 잠시일 뿐 도박에서 완전히 빠져 나올 수 없었다. 지금도 경마장에 가는 것을 완전히 끊기는 힘들어 가끔 경마장을 찾는다" 고 하였다.

그는 대학원에 입학한 것이 상담 교육을 직접 익혀서 중독전문상담사가 되어 중독에 빠져 어려움을 겪고 있는 사람들을 도와주고 싶다는 희망을 간직하고 있었다. 그의 이야기는 "인생에서 중독은 한번 빠져들면 스스로 헤쳐 나오기가 여간 어려운 것이 아님을 몸소 겪은 체험담"일 것이다. 그는 자신의 경험으로 볼 때 중독에서 완전히 빠져 나오기는 힘들다고 주장하였다. 스스로 절제가 필요함을 인지하고 어느 정도 절제가 이루어졌다면 중독에서 탈출한 것은 아닌지 반신반의하고 있었다. 평생 도박습관을 조절하기 위하여 상담이나 치료를 받으면서 일상생활을 하는 것이 자연스러운 모습이라고 보는 듯했다.

게임에 의존이 심한 플레이어에게 필요한 것은 스스로 게임 과다이용을 절제하고 컨트롤 할 수 있는 의지를 북돋아주는 것이 우선 순위다. 인터넷중독관련 상담센터나 국립인터넷청소년드림마을의 교육 프로그램들은 입소자들 스스로 인터넷사용을 조절할 수 있도록 동기부여 방식을 취하고 있다. 대안활동이나 체육활동 등이 집단생활 기간 동안 실시된다. 교육 상담 프로그램에 참여한 개개인이 인터넷중독을 스스로 인지하고, 극복 의지를 다지고, 새로운 동기를 갖추도록 하는데 초점이 맞추어져 있다. 게임중독의 경우에도 예외일 수는 없다. 게임중독관련 연구 및 상담 치료 경험을 담은 보고서나 연구물 등이 게임중독자의 회복 프로그램으로 추천하는 것이 대안활동을 찾아주는 것임을 강조하고 있는 것도 같은 맥락이다. 그러나 게임과의존자의 경우는 인터넷중독프로그램과는 다른 접근이 필요하다. 게임과의존자의 경우 과다 이용하는 게임의 종류가 무엇인지에 따라서 상담 및 치유방법이 달라야 할 것이기 때문이다. 게임과의존 이유가 부모, 친구, 직장동료 등과의 문제에서 벗어나고자 게임에 의존하는 것인지, 자신의 정신적 문제인 우울, 스트레스, 분노 등을 해소하기 위하여 게임에 의존하게 되었는지, 원래부터 유전적으로 가지고 있는 정신질환 소유자가 게임에 의존하는 경향이 심해졌는지 등에 대한 원인 파악은 여타 정신관련 측정도구로 판별이 가능하다. 그러나 그가 즐긴 게임의 특성 파악이 되지 않으면 정확한 원인을 추적하는 것이 쉽지는 않다. 요약하면 게임에 과의존하는 것이 주변과의 환경문제인지, 본인의 생물학적 문제인지를 집어내는 것 못지않게 그가 의존하는 게임의 종류에 따라서 그의 과거와 현재의 모습을 판가름 할 수 있는 실증자료가 되고, 앞으로 치료의 성공여부가 달려있다고 할 수 있기 때문이다.

게임과의존자의 경우는 다양한 형태를 띠고 있다. 대다수의 게임과의존자들은 일상적인 생활 속에서 자연스럽게 게임을 접하고, 게임의 재미에 빠져 게임과의존 현상을 보이는 사례를 쉽게 목격할 수 있다. WHO가 게임을 질병으로 분류하면서 제시한 진단기준을 보아도 쉽게 짐작할 수 있다. WHO는 게임질병을 인터넷게임으로 특정하지 않고 디지털게임 모두를 대상으로 제시하고 있다. 게임질병진단준거로 제시한 것도 알코올과 같은 물질중독이나 행동중독인 도박중독의 기준들 인 "갈망이나 내성, 금단" 등과 달리 "다른 모든 것보다 게임에 집착성을 보이는 현저성과 게임의 대한 조절실패, 게임으로 인하여 발생하는 일상생활에서의 부적응 현상 등 3개 요인"을 들고 있다. 이것은 게임플레이어들이 게임에 의존하게 되면서 스스로 느끼고, 나타나는 일반적 현상들이다.

앞서 언급했던 미국의 콜럼바인 고등학교 총기 사건도 평소에 심한 우울증을 앓고 있던 딜런에게 정신적 상담과 우울증 치료가 선제적으로 이루어졌다면 끔직한 총기사건은 발생하지 않았을 것이다. <둠>과 같은 폭력적 게임을 좋아했기 때문에 게임의 폭력적 내용을 모방하여 총기 사건이 발생했다는 그 당시 언론 보도가 얼마나 사실과 동떨어진 내용을 전달하고 있었는지 추후 실증탐사보고서(콜롬바인,비극에 대한 완벽한 보고서)와 딜런의 어머니(TED에서의 증언)의 증언에서 밝혀졌다. 전문가의 정신적 검사 및 상담 치료와 더불어 평소 일상생활에서 게임과의존자가 즐겨하는 게임의 특성 및 취향을 살펴보는 환경이 마련되어 있었다면 불행한 총기 사건은 사전에 예방할 수 있는 일이었다. 게임의존자의 정신건강 및 심리 파악만으로는 그에 대한 충분한 치료방법을 찾을 수 없다. 정신의학적이나 생물학적 문제점이 있는 게임의존자에게는 기존의 정신적 치료 방법이 도움이 되겠지만 일반적 게임의존자들에게는 크게 도움이 될 것 같지 않다. 상담 및 치료를 담당하는 모든 전문가에게도 게임과의존자와 공감 형성의 첫 걸음은 서로간의 동족효과가 있어야 할 것이기 때문이다. 게임의존자와 빗장을 허무는 시작은 게임과의존자가 즐긴 게임에 대한 대화에서 출발하여야 상담효과 및 치료 가능성을 높일 수 있다는 것은 명확한 사실이다.

인지행동치료(Cognitive Behavioral therapy)는 미국의 킴벌리 영이 미국에서 인터넷중독자를 위하여 치료 프로그램으로 사용하여 많이 알려졌다. 한국의 대부분 상담치료센터에서도 인지행동기법을 이용하여 상담이나 치료를 진행하는 것도 그런 맥락일 것이다. 이러한 기법은 상담사가 중재자가 되어서 게임과의존자들이 스스로 중독 상황을 인지하고, 스스로 해결책을 찾도록 인도하는 것이다. 게임과의존에서 탈출할 수 있는 여부는 전적으로 게임과의존자에게 달려 있다는 기본정신에 기초한 상담 치료방법이다. 그만큼 게임과의존자에게 생각과 의지의 자유를 부여하는 것이다. 치료자의 진정성과 긍정적인 수용자세 그리고 공감적 이해가 수반되어야 소기의 목적을 달성할 수 있는 기법이다. 이러한 기법의 성공여부는 게임과의존자가 겪고 있는 심리 정신적 문제가 게임과 어떠한 연결고리를 맺고 있는지 파악하는 것이 중요하다.

상담자는 플레이어가 의존하는 게임의 특성과 콘텐츠 내용의 깊은 이해나 분석 없이 공감적 이해의 폭을 넓히기는 어렵다. 게임과의존자와의 공감의 시작은 그가 즐기는 게임 내용의 상호교류 바로 그 시점에서 서로 간의 첫 신뢰가 형성될 것이기 때문이다. 게임플레이어가 풀어 놓는 게임 내용을 긍정하고, 이해하려고 하는 노력만으로는 게임플레이어가 그의 속마음을 드러내게 하는 데 성공할 가능성이 희박하다. 게임과의존자가 풀어내는 게임의 콘텐츠와 줄거리에 대한 이해에서 출발할 때 게임과의존자와의 신뢰는 시작될 것이다. 어떤 과학적·의학적 근거에 기초한 치료방법을 적용하여 게임과의존자들과 수동적 관계를 끌고 갈 수는 있겠지만 게임과의존자의 깊은 내면의 마음을 읽어낼 수는 없을 것이다. 게임의 대안 방법을 찾는 것도 어렵고, 성공적 치료로 끝나기는 더욱 어려울 것이다.

스마트폰이 대중화된 현재에는 게임과의존자들을 게임에서 격리하여 치료를 한다는 것은 더욱 어렵게 되었다. 스마트폰이 게임전용 플랫폼은 아니지만 스마트폰으로 게임을 즐기는 인구 계층이 다양화되고 게임 이용 인구가 늘어 가면 갈수록 게임과의존자는 증가할 수밖에 없다. 더욱이 곤란하게 된 것은 스마트폰을 이용한 게임이용 실태와 게임과의존자와의 인과관계를 파악하기 쉽지 않다는 것이다. 그러다보니 게임과의존자의 게임 상담 치료는 스마트폰의 사용제한이라는 극한 처분이 없이는 불가능하게 되었다. 개인 각자를 상대로 한 상담 및 치료 행위 자체가 어렵게 될 수밖에 없는 상황이다. 따라서 게임과의존자들을 디지털미디어기기와 일정기간 격리하여 상담 및 치료 행위가 이루어져야 소기의 목적을 달성할 수 있는 현실이 되었다.

디지털미디어와 일정기간 떨어져서 생활하다보면 디지털미디어에 대한 새로운 시각과 함께 디지털미디어에 익숙해졌던 몸과 마음을 스스로 다스릴 수 있는 방법을 터득하는 시간이 될 것이다. 디지털미디어를 유용하게 이용하는 방법을 몸에 익히는 과정은 자연히 따라 올 것이다. 스마트폰이나 인터넷 없이는 생활할 수 없는 메타버스환경에서는 그 누구도 디지털미디어의 유혹에서 자유로울 수 없다. 중독이란 표현을 쓰지 않더라도 지나치게 디지털미디어에 의존하는 현상은 정신적·육체적으로 많은 부작용이 따르는 것은 누구나 감지하고 있는 사실이다. 스마트폰의 과다사용에 따른 부작용이 발생하면 누구나 상담이나 치료센터를 찾아 과다사용의 내용을 파악해 보고, 전문가와 함께 문제의 해결책을 찾아보는 과정이 필요하다. 중독이라는 단어에 주눅이 들 필요가 없다. 현대인에게는 자연스러운 현상의 하나일 뿐이다. 계절마다 찾아오는 감기 몸살처럼 스마트폰 사용이 일상화된 현실에서는 현대인이면 누구나 한번쯤은 겪고 지나갈 디지털과의존증 정도로 보면 되지 않을까 싶다.

7장. 게임의 미래

"유능한 예술가는 모방하고, 위대한 예술가는 훔친다."
– 파블로 피카소

7장. 게임의 미래

게임은 종합예술이다

게임과 예술의 접목에 대한 관심은 1990년대 중반부터 시작되었다. 게임이 영화 수준의 동영상을 구현하고, 게임 플레이어와의 상호작용성이 수월하게 된 시점이었다. 컴퓨터 모니터의 고해상도 컬러화 및 게임의 3D 기술 구현, 반도체 칩의 고기능화로 데이터 처리 속도 향상과 우수한 게임엔진 개발의 보급 등이 기폭제였다. 한국의 경우에는 초고속인터넷(ADSL, Asymmetric Digital Subscriber Line)의 서비스도 한몫했다. 1996년도 세계 최초의 그래픽온라인게임(MUG, Multi-User Graphic) <바람의 나라>(비슷한 시기에 미국 게임 울티마 온라인이 먼저 개발되었지만, 한국의 바람의 나라가 먼저 상용서비스를 하였다)와 2년 후에 서비스된 그래픽 온라인게임 <리니지 2>는 한국게임의 질적 성장을 견인했다.

1993년 액티비전이 제작하여 게임 플레이어들을 열광시켰던 게임 <둠(DOOM)>과 1998년 3월에 서비스를 시작한<스타크래프트> 등을 첫 사례로 언급하는 학자들도 있지만, 학계에서 연구가 본격화 된 것은 <월드 오브 워크래프트(WOW)>, <에버퀘스트(EverQuest)> 등과 같은 북미권 MMORPG의 등장과 국내의 경우는 1998년 3월에 선보인 NCsoft의 3D게임 <리니지 2>의 서비스 시점일 것이다. 게임을 연구한 인문학자들은 비록 게임이 IT와 SW기술을 기반으로 제작되지만, 게임 콘텐츠는 전통적 신화, 만화, 소설

등에 기반 한 원천소스라는 것에 주목하였다. 국내외 게임 <바람의 나라>는 김진의 만화를, <리니지>는 신일숙의 만화를, <레인보우 식스>는 톰 클랜시의 소설을 원천 콘텐츠로 하였기 때문이다.

게임에 대한 인문학적 연구는 게임 줄거리를 소설, 영화 등과 같은 선상에서 분석하고 연구하는 '전통 서사학파(narratology)'와 게임의 이야기는 새로운 디지털시대에 맞게 연구하고 분석하여야 한다는 '게임학파(Ludology)'로 나뉘어있다. "게임은 스토리가 중심이다"고 주장하는 전통 서사학파와 게임에서 스토리는 단지 게임을 진행하기 위한 배경적 설명 혹은 하위적 역할에 불과하다는 상반된 의견을 보이고 있는 게임학파의 의견이 서로 대척점에 서있다. 이러한 상반된 견해 차이는 게임 연구자들의 지식 배경이나 학문적 기반이 서로 다름에 일정 부분 기인하기도 한다. 인문학 기반의 연구자들과 공학적 지식 연구자들이 게임문화 연구의 지평선에서 자신의 배경 자리에서 게임문화를 분석한 측면이 강하다고 할 수 있다.

즉 게임에서 스토리가 차지하는 몫과 공학적 기술이 차지하는 몫에 대한 것이 논쟁의 출발이다. 게임의 스토리가 게임의 중요한 위치에 있는지, 아니면 게임에서 스토리는 단지 게임 진행을 위한 부수적 역할에 불과한 지에 대한 논쟁이다. 서사적 접근을 주장하는 자넷 머레이(Janet Muray) 같은 경우는 스토리의 우위성을 주장한다.《홀로덱에 선 햄릭(Hamlet on the Holodeck)》에서 그는 게임에서 드라마나 영화처럼 스토리의 우위성을 말한다. 심지어 알렉세이 파지노프가 1986년에 제작한 게임 <테트리스(Tetris)> 조차도 불규칙한 모양의 사물들이 스크린에 떨어지는 물리적 현상을 1990년대 과중한 업무와 촘촘한 스케줄에 시달리는 미국인의 삶의 모습을 대변한다고 주장하기도 했다. 이런 주장은 1998년 IMF를 겪던 시절에 한국인들이 <스타크래프트>로 위안을 받았다고 진단하였던 당시 문화 비평가들의 이야기를 소환한다. "한국인들은 사회적 암울함에서 벗어나고자 찾은 것이 <스타크래프트>라는 게임"이라고 한 문화적 논평 말이다. 그 당시 미국 블리자드사가 개발한 게임 <스타크래프트>를 국민게임이라고 사회 지도층 뿐만 아니라 언론에서도 탐사 보도하는 분위기까지 조성되었으니 말해서 무엇 하겠는가.

서사학파들은 게임이 재미를 추구하고, 그 속에서 즐거움을 느끼는 상호작용적 오락이라는 관점에서 벗어나 게임을 영화, 드라마 등과 같이 스토리텔링에 무게 중심을 두고 있었다. 서사학파들은 게임의 도입과 중간에서 보여주는 영화적 영상과 배경 설명 등을 서사적 관점에서 접근하여 분석하였다. 영화와 소설과 같은 맥락에서 게임을 바라보고 있었던 것이다. 그러나 서사학파들의 주장은 게임의 기획 단계에서 검토되는 게임 줄거리는 게임을 구현하기 위한 기획의 전체 구도의 중심 흐름임에는 틀림없으나, 게임 줄거리 자체가 게임의 성공과 실패를 가늠하는 절대 값이 아님을 간과하고 있다.

반면에 게임학파의 에스퍼 아세스(Espen Aarseth), 제스퍼 줄(Jesper Juul) 등은 게임을 놀이라는 것에 초점을 맞춘다. 놀이는 비생산적이지만 그 자체에 규칙이 있고, 놀이하는 자는 자발적이고 완전히 자신의 의지에 따라서 놀이에 참여하기 때문에 게임을 영화나 드라마와 같이 선형적 서사로 접근하는 연구에 반대한다 . 로제 카이와(Roger Caillois)가 주장한 놀이의 아곤, 알레아, 미미크리, 일링크스 등의 개념을 받아들여서 그들은 게임만이 갖고 있는 규칙과 경쟁, 그리고 플레이어의 자발적 참여 등이 게임의 기본적인 골간이며, 아리스토텔레스적 서사의 플롯, 배경, 인물 등에 중점을 둔 접근은 게임의 본질을 왜곡하는 연구에 불과하다고 주장한다. 이러한 게임학파들의 주장 역시 게임만의 독특한 구조를 들어 서사학파들이 주장하는 스토리텔링의 중요성을 부인하는 것도 현대 게임의 흐름으로 볼 때 지나친 편향성을 드러내 보인다. 게임의 기획단계부터 완성까지의 흐름에서 게임의 줄거리가 빠질 수는 없기 때문이다. 게임업계로서는 게임을 학문적으로 접근하려는 이러한 의도는 환영할 일이다. 게임에 대한 학문적 연구의 시작은 영화, 드라마, 애니메이션, 만화 등과 같이 대중문화의 한 부분으로 게임도 자리매김 할 수 있는 공간을 마련해 주고 있기 때문이다.

일부 국내학자들은 1994년 국내 최초의 PC통신 나우컴을 통해 서비스된 머드게임(MUD, Multi User Dungeon)인 <단군의 땅>을 게임플레이어들이 게임에 직접 참여하여 플레이어간의 커뮤니티와 상호작용적 시도의 최초 게임으로 본다. 그러나 그 당시 PC통신망을 통하여 서비스된 <단군의 땅>은 게임의 상호작용적 면에서 많은 제약 속에서 게임플레이어들이 즐겼다. 개인용 컴퓨터와 네트워크 환경은 게임의 명령을 문자로 실행하고, 상대편과의 대화는 PC통신망의 채팅을 통하여 이루어지던 열악한 게임 환경이었다. 게임이 CD 혹은 게임팩 형태로 대리점을 통해 판매되던 초창기 게임 환경과 인터넷 망을 통한 게임서비스의 전환적 시기에 있었던 <단군의 땅>이나 <쥬라기 공원>같은 같은 PC통신 게임은 학문적 관심의 대상이 되기에 충분했다.

게임은 어느 한쪽의 주장만으로 설명하기에는 너무 복합적 요소를 담고 있다. 21세기 게임은 게임 장르간의 융복합, 게임 장르 간의 기술 교류가 활발하게 진행되고 있어서 게임의 미래 모습을 점치기는 쉽지 않다. 게임을 둘러싼 다양한 변수가 존재하는 것이 현실이기 때문이다. 그럼에도 불구하고 게임을 학문적으로 접근해 분석하고, 연구하려는 의도는 아직도 유효하다. 게임업계로서는 게임을 학문적으로 연구하려는 이러한 의도는 환영할 일이다. 게임에 대한 학문적 연구의 시작은 게임이 단순히 청소년용 오락이라는 오명을 벗어나 만화, 영화, 애니메이션 등과 같이 대중문화의 반열에 설 수 있는 계기를 마련할 수 있기 때문이다.

다른 한편에서는 게임을 타 예술 영역과 접목하려는 시도들이 있었다. 1990년대부터 미국을 중심으로 비디오게임을 이용한 예술 창작의 노력과 열정들이 그것이다. 미국에서 1998년에 전시되었던 'Hot circuit'(The American Museum of Moving Image, 1990.6-2003.9 미국 전역 10개 지역 순회전시)와 샌프란시스코박물관의 'Artcade'라는 비디오게임과 예술의 관계 탐험 전시회(The Avangarde video Art, Machinema), 휘트니 박물관의 'Bitstreams'라는 비디오게임아트 전시회 등이 그것이다. 이러한 시도들은 게임의 본래적 특성인 플레이어와의 상호작용성에 관심을 집중하였다. 게임의 상호작용성은 예술이 관람객과 소통하는 공유 방식에 새로운 전환점을 마련해 주었다. 기존의 미술품 전시 등이 관람객들과 소통하는 방법에 있어서 일방향적이었다면, 비디오게임과 예술의 만남은 작품과 관람객이 함께하는 쌍방향적 성격의 미술 및 전시 방향을 모색할 수 있었기 때문이다. 게임의 영상 표현 방법 및 기술을 오브제로 활용한 현대미술 작품들은 미술사에 새로운 도전이었다.

물론 2000년대 중반 미국의 영화 평론가 로저 이버트(Roger Ebert)는 "게임은 결코 예술이 될 수 없다"고 주장하기도 했다. 이버트는 비디오 게임을 인정받는 다른 예술 형식과 비교가 불가능한 비예술적인 매체로 묘사했다. 그는 게임 <둠>과 영화 <둠>을 비교하면서 영화 <둠>에 영화 평점 1점을 주기도 했다. 그는 비디오게임을 게임플레이어가 문명화된, 이해심 있는 인간이 되기 위한 시간을 헛되이 소비시키는 매체로 폄하하기 조차하였다. 그러나 그 후에 그는 비디오게임의 발전을 보면서 비디오게임도 예술이 될 가능성도 있을 수 있다고 자신의 의견을 정정했다.

현대미술의 거인 '데이비드 호크니(David Hockney)'[1]는 디지털 기술을 이용하여 자신의 창작 활동을 하는 것으로 유명하다. 호크니는 디지털 카메라뿐 만 아니라, IT기술 및 응용SW를 이용하여 자신의 작품 세계를 넓혀가고 있다. 작품 제작에 포토샵과 같은 디지털 기술을 활용한다는 것은 작가 자신이 디지털세계의 이해와 디지털기술 경험과 숙달 없이는 불가능한 일이다. 그는 애플의 아이패드를 이용하여 작품을 제작하는 것으로도 유명하다. 호크니는 현대미술에 IT기술을 탑재한 디지털 기기를 오브제로 사용함으로써 21세기 현대예술의 새로운 지평을 개척한 현대미술의 현존하는 거장임을 자타가 공인하고 있다.

호크니가 처음으로 현대문명의 기기를 이용한 미술가는 아니다. 1965년 당시 플럭서스(1960년대 초부터 1970년대에 걸쳐 일어난 국제적인 전위예술 운동)[2] 미술가였던 백남준은 비디오아트라는 새로운 미술 세계를 개척하였다. 소니의 최신 휴대용 비디오카메라를 사용하여 최초의 비디오 작품을 제작하였다. 비디오 아트는 설치 비디오와 비디오테이프 작품으로 분류된다. 비디오 본체를 설치하는 설치 비디오는 그 본질상 조각에 가깝지만, 비디오테이프 작품은 설치된 TV수상기에 다큐멘터리 이미지나 컴퓨터그래픽을 이용하여 실험적 이미지를 표현한다. 새로운 영상예술 지평의 개척이었다. 그 후에 비디오 미술가들은 커뮤니케이션과 대중 미학, 전자기술의 잠재성과 그 진보성에 대한 인식이라는 주제를 효과적으로 전달하고자 대중에게 가장 친밀한 매체인 비디오를 선택하였다. TV가 갖고 있는 강한 대중적 영향력은 비디오 아트가 하나의 예술 형식으로서 효과적인 역할을 담당할 수 있는 가능성을 확신케 하였다.[3]

게임은 예술이 될 수 있는가? 라는 물음에서 시작된 게임 예술에 대한 논란은 계속되고 있다. 게임을 도구적 관점에서 바라보는 게임 아트와 게임을 매체적 관점에서 바라보는 아트게임으로 분류하여 게임과 예술을 논하기도 한다. 게임아트는 게임기술, 형식, 콘텐츠를 도구로 사용하여 창작한 결과물로서 작품 또는 행위를 일컫는다. 아트게임은 게임의 상호작용성과 게임알고리즘, 게임의 목표와 같은 특징을 예술에 빌려와서 창작을 하는 형태를 일컫는다. 아트게임은 게임형태를 갖추고 있을 때 아트게임이라고 일컫는다. 게임이 예술로의 편입 과정은 비디오 아트의 생성과정을 따라가고 있다는 느낌을 받는다. 결국 예술이란 새로운 시대에 새로운 매체의 출현에 의하여 창의적이며 독창적인 표현 형식을 통하여 그 시대 사람들과 소통하고, 공감할 수 있는 수단이 아닐까 한다. 존 샤프(John Sharp)는 자신의 저서 《Works of Game On the Aesthetics of Games and Art》에서 "게임과 예술은 21세기 초 이래로 상호 교차하여 왔다." 그 예로 레디-메이드(ready-made) 대표 작가 마르셀 뒤샹[4]과 플럭서스운동을 들고 있다. 게임과 예술의 다름과 공통성을 찾아서 게임의 정형화된 미학을 제시하고, 연결한다. 현대예술과 게임 커뮤니티 모두에게 적용될 수 있는 미학적이고 비평적인 가치를 채워줄 게임에 기반한 예술작품의 창조가 가능함을 제안하고 있다.

찬반이론이 있지만 자넷 머레이(Janet Murray)와 콜링우드(Collingwood)가 이야기 했듯이 현대게임은 정교한 플롯과 복잡한 이야기 구조를 가지고 있는 예술이다. 애니메이션과 디지털 시네마에 근접한 대중예술이다. 현대게임은 다수가 참여하여 창조하는 대중예술(concreative mass art)이고, 영상과 음악 등이 함께하는 종합예술이다. 2011년 5월 미국 국립예술기금(NEA, National Endowment for the Arts)은 2012년 예술프로젝트 보조금 지원 분야인 "라디오, TV, 영화 카테고리"에 게임을 포함시켜 게임 분야에 대한 보조금 지원을 가능하게 하였다. 게임제작자 들이나 게임제작사들도 다른 예술가들과 마찬가지로 프로젝트 지원금을 신청해서 지원금 20만 달러까지 보조금을 받을 수 있도록 하였다. 게임제작자들을 다른 예술분야인 라디오, TV, 영화 제작자들과 같은 반열에 올린 것이다. 게임이라는 상호작용적 오락물을 다른 대중예술과 같이 예술적 가치가 있는 문화콘텐츠로 인정하는 첫 출발이었다.

이는 미국 연방대법원에서 2011년 6월28일의 판결문에서 많은 영향을 받았으리라 짐작된다. 연방대법원은 게임도 예술의 한 장르라고 판결하였기 때문이다. 미국 캘리포니아 주정부가 미성년자에게 폭력적인 비디오게임을 판매 대여하는 것을 불법 금지시킨 규정을 문제 삼아 미국의 게임업계를 대표하는 '엔터테인먼트소프트웨어협회'가 소송을 제기하여 승소한 사건이다. 미국 연방대법원의 판결문은 다음과 같다.

"미성년자에게 폭력적인 비디오게임을 판매하거나 대여하는 것을 불법으로 규정한 캘리포니아 주법은 위헌이라고 판단한다. 비디오게임도 책이나 만화, 연극처럼 언론과 표현의 자유를 보장한 수정헌법 제1호의 보호를 받아야 한다."

한국의 경우도 2014년 김광진 의원이 '문화예술진흥법 일부개정법률안'에 게임을 포함시키려는 시도가 있었다. 해외 사례들을 참조하여 게임을 문화예술차원에서 지원 및 육성을 가능하게 하려는 의도였지만 국내에서는 게임을 바라보는 시각이 여전히 게임중독과 같은 부정적인 이미지에 갇혀서 답보 상태에 있다.

그럼에도 불구하고 게임의 예술성을 탐구해보려는 시도는 국내에서도 있었다. 2012년 1월 20일 : 313 Art Project 갤러리에서 넥슨 사에서 기획한 기획전 'BORDERLESS'(2012.1.20.), 경기도미술관에서 개최한 바츠 해방전쟁(리니지 게임)을 주제로 한 전시회 (2012.6.25.), 대구에서 'e-Fun 2013' 축제(2013.10.11.~13) 등이 그것이다. 물론 게임의 예술성을 탐구한 행사로 기획된 것은 아니지만 게임에 대한 대중적 관심사를 끌어 올리는 데는 한몫을 했다고 볼 수 있다.

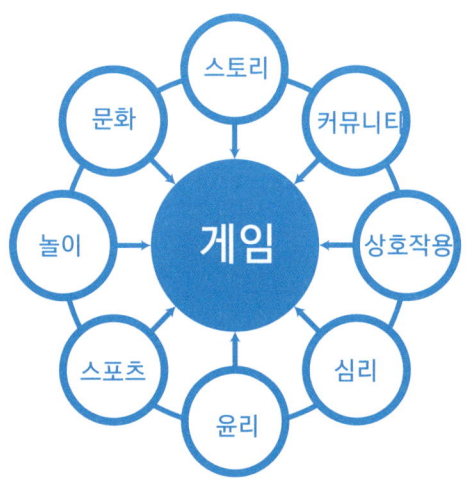

게임과 관련된 문화콘텐츠분야

또한 게임의 기술을 이용하여 예술성을 실험해 보고자하는 대학프로그램들이 있다. MIT, 카네기 멜론 대학의 엔터테인먼트 테크놀러지 프로그램 운영과 캘리포니아대학교(The University of California at Irvine)의 인터렉트프로그램 운영 등은 게임을 이용한 다양한 예술적 시도 및 가능성을 시도하고 있는 좋은 예다. 영화나 문학 등이 청중과의 상호작용적 상황을 만들지 못하는 현실적 대안으로 게임 기술과 응용을 통하여 해결책을 모색해 보고자 하는 것이다. 국내 대학의 게임관련학과 들이 게임개발자 교육 과정에 초점을 두고 운영하는 방식과 차별화 된다. 학제간의 융합 연구와 교육의 시도는 창조시대를 이끄는 원동력 역할이 될 수 있음을 다시 생각하게 하는 대목이다.

모든 게임이 예술일 수는 없다. 그러나 게임의 종류가 다양해지면서 소설, 만화, 영화, 뮤지컬 등과 장르 전환 및 협업은 가속화 될 것이다. 또한 순수예술이라고 칭하는 미술 및 음악 분야에서도 게임과의 협업 및 융합 현상은 점차 늘어날 것이다. 게임의 미래 모습을 예측하기는 쉽지 않다. 게임은 플레이어에게 재미를 주는 상호작용적 디지털 오락이라는 기본 명제를 제외하고는 말이다.

현실과 상상의 경계 종말

2000년대 들어 디지털트윈이라는 말이 유행처럼 번졌다. 미국 가전업체 제너럴 일렉트릭이 주창한 개념이다. 사물인터넷을 통해 방대한 양의 정보를 수집하게 되면서 가상공간에 실물과 똑같은 쌍둥이 물체를 만들어서 다양한 시뮬레이션을 검증해 보는 기술을 일컫는 말이다. 예를 들면 도시에 도로를 만들면 실제 주변 교통량에 어떤 영향을 미치는지 등을 도로 구축 전에 파악할 수 있게 된다. 국내에서는 세종시가 스마트시티 디지털 트윈 플랫폼을 한국전자통신연구원(ETRI)과 함께 개발해 세종시에 적용할 계획이다. 전주시는 안전하고 편리한 도시를 만들기 위해 한국국토정보공사와 협력해 전주시의 행정 데이터와 한국국토정보공사의 IT를 접목시킨 디지털 트윈 도시를 만들려는 야심찬 계획을 하고 있다.

2003년에 린든 랩이 개발한 <세컨드라이프(Second Life)>[5] 라는 게임이 있다. 세컨드라이프 뷰어라는 클라이언트 프로그램을 통해 세컨드라이프의 거주자는 다른 아바타와 상호작용할 수 있고, 소셜 네트워크 서비스를 제공받는다. 거주자는 다른 거주자를 만나거나 개인이나 그룹 활동에 참가하며, 가상자산과 서비스를 창조하고 다른 이들과 세컨드라이프에서 통용되는 화폐 린든 달러(L$, Linden Dollar)로 거래를 할 수도 있다. 린든 달러는 온라인게임에서 제공하는 가상화폐와 달리 미국 현실 달러와도 교환이 가능했다.

디지털트윈과 다른 점은 현실세계를 복제한 가상세계가 아니라, 창조적인 가상세계에 현실과 같은 생활환경을 구축하여 거주자가 새로운 가상세계에서 삶을 가꾸도록 했다는 것이다. 세컨드라이프에서는 미술 작품 전시회, 라이브 콘서트, 라이브 극장 등이 가능했다. 세컨드라이프는 온라인게임의 형식을 빌렸지만 게임과 달리 퀘스트도 없고, 어떤 목표나 승자 패자도 없다. 거주자는 현실과 같이 가상세계에서 교육을 받거나 다른 사람들과 파티를 즐기는 등 현실 생활의 일상적 삶을 누리면 되었다. 세컨드라이프는 가상세계와 현실세계의 경계를 허문 최초의 메타버스일 것이다. 2017년 개발되어

선풍적인 인기를 누리고 있는 게임 <포켓몬고>도 증강현실 기술을 이용하여 가상공간의 몬스터 캐릭터를 현실세계에서 몬스터를 채집하는 경험을 플레이어에게 제공하는 게임이다. 게임의 가상세계가 빠르게 현실세계와 경계를 허무는 환경을 경험토록 한 것이다.

이러한 현상을 설명하는 개념으로 3차원 가상세계를 뜻하는 메타버스(Metaverse)라는 용어가 있다. 현실세계를 의미하는 Universe와 "가상, 추상"을 의미하는 Meta의 합성어다. 메타버스라는 용어는 원래 닐 스티븐슨이 1992년 자신의 자신의 소설《스노 크래시(Snow Crash)》에서 처음 사용한 용어다. 닐 스티븐슨이 소설에서 가상의 신체인 아바타를 통해서만 들어갈 수 있는 가상의 세계를 뜻하는 말로 처음 등장했다.

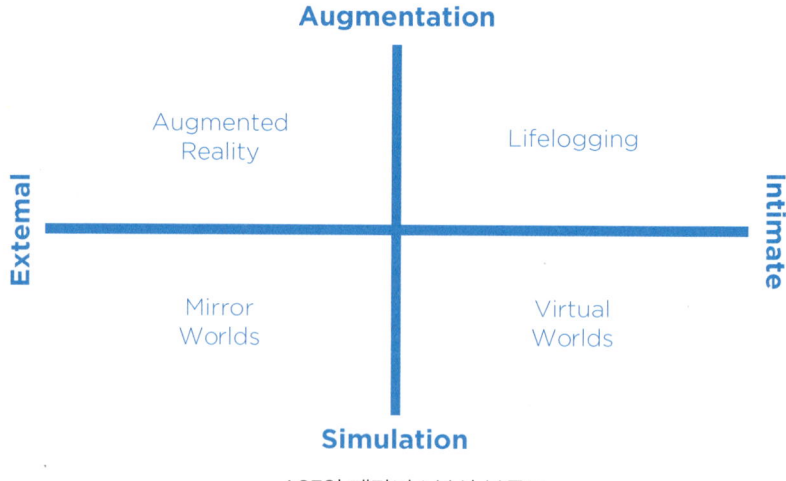

ASF의 메타버스분석 분류표

비영리 기술 연구 단체 ASF(Acceleration Studies Foundation)

는 메타버스를 "증강과 시뮬레이션, 내적인 것과 외적인 것"이라는 두 축을 가지고 4가지 범주로 분류하였다. 즉 메타버스를 증강현실, 라이프로깅, 거울세계, 가상세계의 4가지 카테고리로 구별하였다. 증강현실은 현실공간에 2D 또는 3D로 표현되는 가상의 물체를 겹쳐 보이게 하면서 상호작용하는 환경을 의미한다. <포켓몬고>가 좋은 예가 될 것이다. 라이프로깅(Lifelogging)은 사물과 사람에 대한 일상적인 경험과 정보를 캡처하고 저장하고 묘사하는 기술이다. 사용자는 일상생활에서 일어나는 모든 순간을 텍스트, 영상, 사운드 등으로 캡처하고 그 내용을 서버에 저장하여 이를 정리하고, 다른 사용자들과 공유할 수 있다. 예를 들면 나이키 센서와 애플 아이팟이 결합하여 사용자의 운동량, 운동거리 등을 기록하고, 다른 사용자와 정보를 공유하는 행위를 예로 들 수 있다.

거울세계(Mirror Worlds)는 실제 세계를 가능한 한 사실적으로 있는 그대로 반영하되 정보적으로 확장된 가상세계를 말한다. 대표적인 예로 구글 어스(Google Earth)를 들 수 있다. 구글 어스는 세계 전역의 위성사진을 모조리 수집하여 일정 주기로 사진을 업데이트하면서 시시각각 변화하는 현실세계의 모습을 그대로 반영하고 있다. 기술의 발전이 계속될수록 거울세계는 점점 현실세계에 근접해갈 것이다. 가상세계(Virtual Worlds)는 우리에게 가장 친숙한 형태의 메타버스로서, <리니지>와 같은 온라인 롤플레잉게임에서부터 린든 랩에서 개발된 <세컨드라이프>와 같은 생활형 가상세계에 이르기까지 3차원 컴퓨터그래픽환경에서 구현되는 커뮤니티를 총칭하는 개념이다.

메타버스 세계는 새로운 기술을 이용하여 인류에게 점점 가까이 다가오고 있다. VR, AR기술과 AI 기술 등이 진화하면서 현실과 상상세계의 경계가 빠르게 허물어지고 있다. 게임도 <포켓몬고>나 <세컨드라이프>와 같은 게임에서 보았듯 일시적 유행이 아니라, 가상과 현실의 경계를 허무는 방식으로 진화하고 있다. 메타버스에 대한 관심은 2020년 COVID-19를 겪으면서 생활 속으로 한층 다가섰다. 2020년 4월 게임 <포트나이트>의 소셜 공간을 이용하여 미국의 인기 래퍼 트래비스 스콧이 아바타로 등장하여 공연을 펼쳤다. 공연에 약1천2백30만명의 유저가 접속하여 즐겼다. 한국의 방탄소년단(BTS)는 2020년 9월 싱글 'Dynamite' 뮤직비디오 안무 버전을 게임 포트나이트에서 공개하여 화제가 되기도 했다. 2020년 미국 대선에서 당선된 조 바이든은 닌텐도 게임 <모여봐요, 동물의 숲>의 게임 내에서 아바타로 변신하여 선거유세를 하여 화제가 되었고, 메타버스게임이라고 불리는 <로블록스>의 월 1억 명 이용자들은 아바타로 게임머니를 이용하여 경제활동을 한다.

국내 기업인 네이버제트가 서비스하는 증강현실 아바타 앱인 제페토는 세계 2억명의 사용자가 쓰고 있는 글로벌 메타버스 플랫폼(해외 이용자 비중이 90%이상)이다. 제페토는 2020년 12월에 가상

전시관 "유나이트 서울 2020 제페토 맵"을 개최하여 행사기간 3일 동안 총 1만5000여명을 끌어들였다. 이렇게 국내외 기업들이 메타버스 세계에 본격적으로 뛰어들고 있는 것은 가상세계와 현실세계가 빠르게 경계를 허물고 있는 현상을 보여주는 사례들이다. 미국의 제임스 카메론 감독의 영화 <아바타>(Avatar : 인간과 '나비족'의 DNA를 결합해 만들어졌으며 링크룸을 통해 인간의 의식으로 원격 조종할 수 있는 새로운 생명체)에서 판도라 행성의 원주민 '나비족'이 살고 있는 세계를 넘나드는 제이크 설리(현실세계에서는 하반신 마비 장애인이다)와 같이, 게임 플레이어도 그리 멀지 않은 미래에 지금까지 경험하지 못한 가상세계와 현실의 경계가 사라진 게임의 메타버스 세계를 즐길 날도 멀지 않아 보인다.

덧붙여

1. 영국의 팝 아트 화가로, 요크셔의 브랫포드에서 출생해 브랫포드 미술학교, 왕립미술학교에서 배웠다. 1963년 런던에서 최초의 개인전을 열었다. 통속적인 스타일을 극히 세련된 방식으로 이용해, 스냅 사진과 같은 정경을 그렸다. 판화 작업도 많이 했으며, 1964년부터 67년에 걸쳐 미국의 몇 개 대학에서 가르쳤다. 대표작은 <예술가의 초상>을 비롯하여 <더 큰 첨벙>, <클라크 부부와 퍼시> 등이 있다. 그의 작품인 예술가의 초상(수영장의 두인물)이 2018년11월에 뉴욕 크리스티 경매에서 9030만달러에 낙찰되어 현존하는 작가작품의 최고가를 갱신하기도 했다. 네이버 지식백과. [David Hockney] 미술대사전(인명편), 1998., 한국사전연구사 편집부

2. 플럭서스는 '변화', '움직임', '흐름'을 뜻하는 라틴어에서 유래한다. 1960년대 초부터 1970년대에 걸쳐 일어난 국제적인 전위예술 운동으로, 플럭서스라는 용어는 리투아니아 출신의 미국인 마키우나스(George Maciunas)가 1962년 독일 헤센주(州)의 비스바덴 시립미술관에서 열린 '플럭서스-국제 신음악 페스티벌'의 초청장 문구에서 처음 사용하면서 널리 알려졌다. '삶과 예술의 조화'를 기치로 내걸고 출발한 플럭서스 운동은 이후 베를린·뒤셀도르프 등 독일의 주요 도시들과 뉴욕·파리·런던·스톡홀름·프라하·일본 등 유럽·미국·아시아 등지로 빠르게 파급되어 전세계에서 거의 동시에 나타났다. 이는 플럭서스 작가들이 여행과 서신 교환 등을 통한 교류가 가능했기 때문인데, 그들은 엽서 형태의 콜라주나 소규모 작품을 우편을 통한

상호 교류, 즉 우편미술(메일아트)을 통해 교류의 폭을 넓혀 갔다.

플럭서스 운동은 음악과 시각예술, 무대예술과 시 등 다양한 예술 형식을 융합한 통합적인 예술 개념을 탄생시켰으며, 메일아트·개념미술·포스트모더니즘·행위예술 등 현대 예술사조를 직접 탄생시키거나 여러 예술 운동에 많은 영향을 주었다. 대표적인 플럭서스 예술가로는 마키우나스·히긴스·케이지(John Cage)·보이스(Joseph Beuys)·블록(Rene Block)·무어맨(Charlotte Moorman)·존슨(Ray Johnson)·백남준(白南準) 등이 있다. 두산백과

3. 비디오 아트는 미술이 대중문화의 위세에 눌리자 그 반격이자 대안으로 주목하기 시작한 분야이다. 영화에 비해 상대적으로 제작과 상영이 편리하며 영화와 같이 대자본에 종속될 우려가 없고 특히 대중매체에서 쏟아져 나오는 수많은 이미지들은 담아내기에 적절한 도구라는 점에서 각광을 받기 시작했다. 비디오 아트는 상업 TV의 전반적 기술을 사용하고 있음에도 불구하고, 상업TV의 기본적 원칙들의 상당 부분을 의도적으로 거부하고 있다. 네이버 지식백과, 세계미술용어사전, 1999., 월간미술

4. 개념미술의 창시자이자 선두주자로 불리고 다다이즘과 관련하여 레디메이드를 창시하였다. 마르셀 뒤샹이 남성용 소변기나 자전거 바퀴와 같은 다양한 소재들을 활용해 '레디메이드'란 새로운 개념을 창안한 이후, 미술은 그 이전 시대의 미술과는 완전히 다른 것이 되어버렸다. 인상주의, 포비즘, 큐비즘의 영향을 받은 기계와 육체가 결합한 듯한 작품을 그려 대부분

의 회화를 파기하였다. 변기를 작품화한 '샘'과 같은 기성품을 활용한 '레디메이드' 오브제를 제시했다. 네이버 지식백과

5. 세컨드 라이프는 사이버펑크 문학 운동과 닐 스티븐슨의 소설 《스노우 크래시》에서 영향을 받은 가상 세계들 중 하나이다. 린든 랩이 선언한 목표는 스티븐슨이 묘사한 메타버스와 같은 세계를 창조하는 것이다. 사람들이 교류하고, 놀면서 사업을 하고 한편으로는 교감하는, 이용자가 정의하는 세계다.

7장. 게임의 미래

8장. 에필로그

"네트 없는 세상은 상상할 수가 없다.
입고, 먹고, 마시고, 즐기고, 에너지를 쓰고 생각하는
모든 행위가 네트로 연결돼 있다."
– 21세기 가상역사

8장. 에필로그

21세기를 살아가는 인류에게는 인터넷이 없는 세상을 상상할 수 없다. 네트워크를 통하여 지구촌 가족을 이루고 생활하고 있으면서도 일상적인 현상으로 간과했을 뿐이다. 2020년 COVID-19가 지구촌을 강타한 후에야 인터넷의 중요성을 인식하기 시작했다. 세계 각국은 코로나바이러스의 자국 유입을 차단하기 위하여 국경을 봉쇄하고, 내국인들의 자유로운 일상생활을 통제하게 되면서 비대면 문화에 점차 익숙해졌다. 비록 사람의 왕래는 자유롭지 못하지만 인터넷을 통하여 교육과 오락, 경제 및 문화 교류가 가능함을 깨달았다. 온라인 쇼핑과 거래가 급상승했고, 정규 학교교육이 온라인으로 대체되었으며 음악 콘서트, 그림 감상, 음식주문은 말할 것도 없고, 심지어 여행까지도 랜선으로 즐기게 되었다. 이 모든 것의 시발점은 코로나 감염증의 세계적 확산이었다.

팬데믹 사회 분위기속에 사람들은 넷플릭스 같은 OTT(over the top) 엔터테인먼트 콘텐츠에 열광하였다. 활동이 제한되다보니 집안에서 가족끼리 즐길 수 있는 문화콘텐츠의 소비재로서 그만한 것이 없었기 때문이다. 그 중 게임도 집안에서 즐길 수 있는 몇 안되는 문화콘텐츠라는 것을 사람들이 체감하는데 그리 많은 시간이 필요하지 않았다. 게임을 가정에서 가족이 함께 즐기면서 화목함을 경험했다. 과거 일부 청소년들의 전유물처럼 여겨졌던 게임을 비대면 환경에서 접하면서 모든 계층이 즐길 수 있는 오락일 수 있다는 인식이 확산되었다. 게임 소외 계층이라고 생각했던 장·노년층도 간단한 캐주얼게임을 스마트폰으로 즐기고, 청소년들의 전유물로 여겨지던 e-sports도 비대면 보는 스포츠로서의 가능성을 체감하기 시작했다. 또 다른 변화는 한국에서는 소외받았던 비디오게임에 대한 인식도 바꿔었다. 비디오게임 <모여봐요, 동물의 숲>은 게임 매니아 뿐 아니라 일반 게임플레이어들을 비디오게임에 열광하도록 하는 기폭제 역할을 했다. 게임업계가 그동안 등한시 하던 비디오게임 개발에 뛰어들고 있는 현상이 이를 입증한다.

게임에 대한 열기가 뜨거워진 것은 외부 활동이 불가능한 팬데믹 사회에서 나타난 현상이지만 M세대가 사회의 주역으로 자리 잡고, Z세대가 사회로 진출하면서 게임에 대한 긍정적 인식이 싹트는 시기와 맞물린 결과다. 비록 PC방을 이용할 수 없는 공백기(코로나확산을 방지하기 위하여 정부가 PC방 운영시간의 제한 및 영업 정지)가 컸음에도 불구하고 게임산업은 성장을 거듭하고 있다.

장·노년층들의 게임에 대한 부정적 인식을 불식시킨 일등 공신은 단연 스마트폰이다. 스마트폰을 이용하여 다양한 게임을 언제 어디서나 플레이 할 수 있다는 장점이 게임이용자 증가에 한몫을 한 것이다. 스마트폰을 통하여 서비스되는 캐주얼 게임부터 MMORPG까지 다양한 게임 종류는 스마트폰 소유자의 각자 취향에 안성맞춤격인 디지털오락이다. 스마트폰은 손쉽게 게임에 접할 수 있는 게임플랫폼이며 게임기라 할만하다.

실제로 한국콘텐츠진흥원이 발표한 《2020년 대한민국 게임백서》에 따르면, 국내 게임이용자의 게임 분야별 이용자 비율(게임플레이어의 중복 응답 허용)에서도 모바일게임이용자가 91.1%를 차지하고 있는 것으로 나타났다. 그 다음은 PC게임이 59.1%, 콘솔게임이 20.8%, 아케이드게임이 10.0% 순서로 게임을 이용하고 있는 것으로 조사되었다. 모바일게임은 게임매니아 뿐만 아니라 일반 게임이용자들도 적극 이용하고 있고 있음을 보여준다. 이제 스마트폰은 누구나 즐기는 휴대용 디지털오락기로 자리매김하고 있다는 것을 부인할 수 없게 되었다.

이러한 현상은 팬데믹 사회가 종식되더라도 지속될 것이다. 스마트폰은 이제 우리에게 필수적인 생활기기가 되었다. 스마트폰은 게임만을 위한 전용 단말기는 아니다. 그럼에도 불구하고 스마트폰을 이용하여 게임을 즐기는 계층이 넓어지면서 게임전용스마트폰이 등장할 날도 머지않아 보인다. PC게임을 위한 전용 디스플레이가 출시되고 있듯이 말이다. 그런 가운데 주목을 받은 것은 WHO가 코로나바이러스가 세계를 휩쓸고 있을 때, 게임을 집에서 즐길 것을 권고했다는 사실이다. "집에서 음악 감상, 독서, 게임 플레이를 하자."

테드로스 아드하놈 게브레예수스 세계보건기구(WHO) 사무총장이 자신의 소셜 미디어(2020.4.21.)에 올린 글이다. 코로나19의 대응을 위해 사회적 거리 두기를 강조한 것이다. 세계 유수 게임업계도 호응하여 코로나19 확산을 막는 사회적 거리 두기를 실천한다는 내용을 담은 플레이어파트투게더(PlayApartTogether) 캠페인을 시작했다.

WHO가 2019년 게임장애를 도박중독과 함께 중독성 행동 장애(Disorders due to addictive behaviours) 범주에 포함시켰을 당시 게임업계와 학계에서는 WHO결정이 비합리적이고, 타당성이 없는 결정이라고 격하게 반대를 하였다. 2020년 팬데믹 상황으로 게임장애 질병코드 분류에 대한 관심이 잠시 수면 아래로 내려갔다고 하더라도 WHO의 태도 변화에 게임업계와 학계는 당황스러워하는 모습이었다. 그럼에도 불구하고 세계 게임업계는 WHO의 저의가 어떻든 COVID-19를 극복하기 위한 캠페인에 적극적 동참으로 화답하였다.

WHO의 이런 태도는 "게임장애의 질병코드화에 대한 과학적 입증과 현실적 상황에 대한 명확한 해답"을 찾지 못하고 있다는 것을 스스로 인정한 꼴이 되었다. 게임 50년의 역사를 되돌아 볼 때 게임과 폭력성, 음란성, 정신건강, 뇌질환, 중독 등과 관련된 수많은 연구들과 뜨거운 논쟁이 있어 왔다. 그럼에도 불구하고 지금까지 이러한 문제들이 게임과 어떠한 인과관계를 맺고 있는지에 대한 해답은 찾지 못하고 있다. 다만 연구물들이 제한된 연구 환경 및 범위 내에서 게임과의 상관관계를 부분적으로 입증하고 있을 뿐이다. 그동안 심리학계 및 정신·건강의학계에서 나온 많은 연구 및 보고서들도 게임과 정신·건강과 관련하여 부분적인 입증사례들을 밝히고 있을 뿐 일반화할 수 있는 데이터 및 실증 자료들을 내놓지 못하고 있다. 이러한 사실은 연구자들 스스로도 인정하고 있는 것이 현실이다. 그만큼 디지털게임만이 갖고 있는 게임의 특성과 관련하여 게임플레이어의 심리·정신·건강학적 문제점들을 명확히 증명해 내지 못하고 있다. 게임을 둘러싼 이해관계자들의 지식과 경험, 그리고 연구 개발 등이 현대게임의 기술과 환경 변화를 따라가지 못하고 있다는 것을 알 수 있다.

인터넷중독과 게임중독간의 관계, 게임중독 판별에 대한 문제, 게임플레이어의 심리·정신·건강학적 문제와 게임과의 인과관계, 그리고 스마트폰을 통한 게임중독이 스마트폰의 문제인지, 스마트폰게임의 문제인지에 대한 명확한 해답을 내릴 수 없는 현실적 문제에 직면해 있다. 실제로 한국에서 디톡스 사업으로 추진했던 연구물들이 게임관련 연구자들과 게임업계의 호응을 못 얻고 있는 것이 이를 증명한다. 게임중독과 관련하여 다양한 임상적 증상들이 중독으로 판명하는데 유용성을 담보하고 있는가라는 문제 제기부터 연구물들이 충분한 근거를 제시하고 있느냐는 문제, 도박중독과 달리 게임중독을 특정할 수 있는 증거, 정상적인 게임플레이어와 게임중독자의 경계선을 가를 수 있는 명확한 판별 문제 등 미해결 문제는 여전히 남아 있다. 새로운 과학 발명품에 따른 환경 변화는 그것 나름대로 새로운 윤리 정립 필요성과 함께 문화적 충격을 인류에게 안겨 준다. 그때마다 당시의 잣대로 판단하고, 행동 및 제도를 만들면 스스로 그 올가미에 갇혀서 한 발짝도 나아갈 수 없고, 벗어날 수 없다. 사람이 먼저라는 명제는 사람을 중심에 두고, 그 범위와 내용을 다루어야 하는 것이 이치에 맞는 접근 방법이다.

지금까지 셧다운제와 같은 정책적 규제 실시와 학계 및 관련 연구자들의 실험과 연구를 통하여 해결하지 못한 '게임중독'의 실체를 질병이라는 카테고리에 가두는 것은 게임문화의 발전에 도움이 되지 않는다. 게임의 긍정적 측면을 진흥하고, 게임의 가치를 다양한 방면에 활용하는 지혜가 필요할 때다. 게임과의존의 문제는 치료적 개념보다는 상담적 접근이 필요한 이유이기도 하다. 그런 측면에서 게임이 갖고 있는 유용한 기능들인 재미와 몰입, 그리고 신체적 활동성 등을 이용하여 디지털치료제 연구와 개발에 매진하는 기업이 있다는 것은 고무적이다. 과거 게임중독에 대한 논란의 와중에 게임의 긍정성을 부각시키며 등장했던 기능성게임과 게이미피케이션의 연구들과 달리 게임 자체의 특성을 살려낸 해결 방법이기 때문이다. 어떤 목적을 위하여 게임의 기능을 차용하여 제작한 기능성게임은 진정한 오락용 게임이라고 말하기 곤란하다. 또한 게임의 여러 기능을 타 영역에 접목하여 새로운 것을 추구하는 게이미피케이션 연구 및 개발도 디지털게임의 영역에서 조금 빗겨난 영역이기 때문이다.

모든 게임이 예술일 수 없듯이, 모든 게임이 게임과의존의 원인을 발생시키지는 않는다. 게임은 도박이 아니며, 게임은 우리에게 즐거움을 주고, 재미를 추구하는 디지털 오락이다. 게임을 이용한 다방면의 활용 가능성을 모색하고, 게임을 이용하다 발생하는 문제점은 사회·문화적 관점에서 해결방법을 찾아야 한다. 게임이 만화, 영화, 음악 등과 같이 문화산업의 중요한 자리를 차지하고 있는 현실을 외면할 수는 없다.

《게임 프레임(Game Frame)》의 저자 애런 디그넌이 자신의 책에서 언급한 다음의 말은 아직도 유효하다.

> "미래에는 게임을 통해 움직이고, 보고, 만지고, 느끼고, 듣고, 심지어 냄새까지 맡는 풍부한 감각적 경험이 가능해 질 것이다. 이렇듯 게임은 우리생활에 점점 파고들어 현실과 가상의 세계는 점점 흐릿해지고 게임의 영향력은 더욱 막강하고 거대해 질것이다"

게임은 이제 세계인이 즐기는 오락이 되었다. 게임을 통하여 스트레스를 해소하고, 새로운 활력을 찾는다면 그것만큼 좋은 문화콘텐츠산업이 있을까 싶다. 게임이 e-sports라고 하는 "보는 스포츠"로 비약적인 발전을 하는 날, 바둑, 체스 등의 마인드스포츠도 이루지 못한 새로운 이정표를 찍게 될 것이다. 또한 게임연구는 심리학, 사회학, 인문학, IT/SW공학, 의·과학, 영상예술 등 다양한 분야의 전문분야가 함께 하여야 한다. 그래야 게임의 본질에 접근할 수 있다. 게임은 종합예술이며, 다양성을 지닌 학문적 연구 분야이기 때문이다. 그중에서도 게임연구에 있어 좋은 동반자는 연령, 경험, 각 분야의 전문 분야를 뛰어 넘어 게임을 직접 경험하고 즐기는 젊은 게임이용자들이다. Z세대라 불리는 '디지털 네이티브세대(미국의 교육학자인 마크 프렌스키가 2001년 처음 제시한 개념이다. 어린 시절부터 디지털 환경에서 성장한 세대를 뜻하는 말. 스마트폰과 컴퓨터 등 디지털 기기를 원어민-Native speaker-처럼 자유자재로 활용하는 세대라는 의미)'를 말한다. 그들은 세상에 나와 있는 모든 게임을 경험하고, 즐길 줄 안다. 그들이야 말로 게임을 제일 잘 아는 전문가다. 게임을 경험하거나 즐겨보지 않고 게임의 유용성과 해악을 논하는 것은 넌센스다. 비록 그가 관련 분야의 전문가라 하더라도 말이다.

맺음말

지금까지 논의한 내용은 빙산의 일각에 지나지 않는다. 우리는 2020년 코로나바이러스감염증-19 팬데믹을 겪으면서 게임을 다시 생각하게 된 계기가 됐다. 게임을 바라보는 시각이 변하였다는 것을 직감하고, 체험하고 있을 뿐이다. 게임을 바라보는 시각이 바뀌었다고 게임의 미래를 점칠 수 있는 것은 아니다. 그만큼 게임을 둘러싼 변화는 계속될 것이기 때문이다

MZ세대의 부상은 게임의 새로운 방향성과 변화를 불러 올 것이다. 게임과 함께 성장한 그들 세대는 부모세대가 겪었던 IMF와 금융위기 그리고 천안함과 세월호 사건을 겪으면서 세대의 아픔을 공유하고, 동질감을 형성한 세대다. 그들은 게임을 통하여 자연스럽게 친구가 되고, 형제들만큼 친근한 감성을 나누는 세대가 되었다. 디지털 노마드라고 표현하지 않더라도 게임을 통하여 그들은 지구촌이라는 것을 경험하고, 실현한 최초의 인류세대라고 할 것 같다. 혹자는 이를 게임세대라 칭하지만 그들은 게임도 하나의 수많은 오락 중에 하나 정도로 일상화한다. 게임에 대하여 특별한 의미를 붙이지 않는다. 인터넷으로 연결된 사이버세계에서 그들은 다양한 경험과 지식을 공유하거나 생산하고 소비하는 세대라는 것을 보여주고 있을 뿐이다.

지난 20년간 게임중독에 대한 연구와 찬반 논쟁이 있어 왔지만, 조금도 진전된 것이 없다고 느끼는 것은 저자 혼자 생각일 뿐

인지 자문해 본다. 책을 쓰기 위하여 게임을 대상으로 한 긍정적 혹은 부정적인 책들과 국내·외 연구 논문들을 비교 분석해 보면서 느낀 점은 그렇다. 2002년 인터넷중독상담예방센터를 설립할 당시를 뒤돌아보면, 그때와 비교하여 현재는 많은 연구물들이나 보고서 혹은 사례들이 발표되고 있지만 연구의 범위가 자꾸 한자리를 맴돌고 있다는 느낌을 지울 수 없다. 그것의 원인이 무엇인지 딱 집어서 말할 수는 없지만, 논의는 많은데 그것을 실증할 자료가 턱없이 부족하다는 것은 명확하다.

게임의 종류와 게임의 내용은 무한이 변하고 있는 환경인 데도 말이다. WHO가 게임질병코드를 제안했다고 하더라도 우리에게 합리적인 방안 마련과 해결책을 마련하여야 하는 데 쉽지 않은 현실을 보여주는 일면 일 듯하다. 연구물들이 게임의 본래적 특성과 내용을 아우르는 적합한 연구가 아니라, 대부분이 인터넷게임중독 혹은 스마트폰게임중독이라는 넓고 애매한 범위로 특정하여 게임중독자를 판별하거나 게임의 문제점을 지적하고 있는 것이 현실이다. 20년 전의 게임 종류와 현대의 게임 종류가 큰 차이로 변화를 겪었음에도 불구하고, 게임중독 연구는 변한 것이 없다.

스마트폰이 일상생활의 기기가 되면서 더욱 게임중독에 대한 논의는 모호해졌다. 게임이 일상화되는 환경에 맞닥뜨려졌기 때문이다. 남녀노소 모두는 게임의 종류가 무엇이든 가벼운 캐주얼 게임부터 역할게임까지 웹과 앱을 통하여 게임은 쉽게 접하고, 자신의 취향에 맞는 게임을 즐기는 시대가 도래 했다. 그래서 게임세대를 특정 하는 것 자체가 무의미하게 되어 버렸다. 지하철에서 연세 많은 노인들이 스마트폰으로 고스톱 게임과 애니팡 유형의 게임을 즐기는 장면은 쉽게 목격한다. 젊은 직장 여성들이 쿠키런과 동물의 숲과 같은 유형의 게임들을 즐기는 장면 또한 흔하게 보게 되는 장면들이다.

요즘 한참 메타버스에 관한 관심이 높아지다 보니, 관련 서비스를 하는 기업이나 기술을 보유한 기업들의 가치가 올라가고 있다. 가상세계라는 카테고리에 있던 게임도 점차 라이프로깅, 증강현실, 거울세계를 넘나들면서 새로운 서비스를 개발하고, 각 카테고리에 있던 서비스를 융합하여 새로운 사업 영역을 구축하는 연구들이 빠르게 진행되고 있다. 기술의 발전을 역행할 수는 없다. 그렇지만 게임 영역에서 좀 더 세밀한 준비가 필요한 부분은 <제페토>나 <로블록스>처럼 가상세계의 서비스가 일반화되면, 게임이 과거에 겪었던 도박과 같은 사행성 문제, 게임에서 실제 성행위 느낌을 줄 수 있는 음란성 문제, 가상화폐의 현금화 문제, 가상세계 중독자의 문제가 또 다른 사회적 문제로 부상될 수 있을 개연성이 높다.

게임의 변신은 죄가 없다. 다만 게임을 둘러싼 많은 역기능적 문제는 게임 발전 속도만큼이나 중요한 문제다. WHO가 게임을 게임이용장애라는 질병으로 코드화한 것이 문제가 아니라. 그것을 제도적으로 받아들이는 사회적 수용 능력과 합리적 운영의 방법 모색이 우선이다. 게임산업과 사회문화적 환경, 그리고 법 제도와 국민적 의식이 서로 대치되지 않고, 상호작용적 평형을 이룰 때 올바른 게임문화는 정착될 것이다. 게임과의존을 질병으로 몰아가는 것은 이해 관계자들 간의 상호작용적 평형관계를 파괴하는 것이다.

우리는 목격하였다. WHO가 팬데믹 환경에서 게임업계에 도움의 손길을 요청했던 것을 말이다. WHO가 2020년 4월에 코로나바이러스감염증-19 확산을 막기 위하여 사회적 거리두기 캠페인 플레이어파트투게더(#PlayApartTogether)캠페인을 게임업계와 함께 했던 일을 기억하면 게임의 현재와 미래를 가늠해 보는 지름길이 될 것이다.

게임은 예술일 수 있으며, 보는 스포츠로 자리 잡아 갈 것이다. 또한 디지털치료제와 같은 정신적 치료제로 활용될 뿐만 아니라, 가상과 현실세계의 경계를 허무는 최초의 오락이 될 것이다. 이런 희망은 예상보다 빨리 우리 곁에 자리 잡게 될 듯 쉽다.

참고문헌

제1장. 게임은 세대를 뛰어 넘는다

1. 이노우에 아키토 저, 이용택 역(2012), 《게임 경제학》, 스펙트럼북스.

2. Jane McGonigal 저, 김고명 역(2012), 《누구나 게임을 한다(Reality is broken)》, 알에이치코리아, pp.21-35.

3. 스티브 켄트 저, 이무연 역(2002), 《게임의 시대(The Ultimate History of VIDEO GAMES)》, 파스칼북스.

4. 존 벡, 미첼 웨이드 저, 이은선 역(2006), 《게임세대 회사를 점령하다》, 세종서적.

5. 《2019 ESSENTIAL FACTS, About the Video Game Industry》, (ESA, entertainment software association).

6. 《2020 ESSENTIAL FACTS, About the Video Game Industry》, (ESA, entertainment software association).

7. 《Real Canadian Gamer ESSENTIAL FACTS 2020》 (Entertainment Software Association of Canada).

8. 《해외시장의 게임이용자 조사》, 2020, 사단법인 콘텐츠경영연구소, 한국콘텐츠진흥원.

9. 《2020 대한민국 게임백서》, 한국콘텐츠진흥원.

10. 《포스트 코로나-19 시대, 게임가치의 재발견》, 2020, 한국인터넷기업협회, 연세대 게임문화연구센터.

11. http://www.hani.co.kr (한겨레신문, 2019.01.02. 보도자료)

12. https://ko.wikipedia.org

13. https://bit.ly/3tkKUrA

제2장. 게임은 재미다

1. 김선진(2013), 《재미의 본질》, 경성대학교출판부.

2. 김재익(2020), 《의식 뇌의 마지막 신비》, 한길사, pp.208-209.

3. 김춘경, 이수연, 이윤주, 정종진, 최웅용(2016), 《상담학사전》, 학지사.

4. Daniel Z. Lieberman,Md, & Michael E. Long 저, 최가영 역(2019), 《도파민형 인간(The Molecule of More)》, 쌤엔파커스, pp.110-121.

5. 데이비드 루이스 저, 홍지수 역(2014), 《뇌를 훔치는 사람들》, 청림출판.

6. 데이비드 제럴드 저, 이충기 역(1995), 이충기 옮김, 《컴퓨터 게임》, 김영사, p.20.

7. 대니얼 카너먼 저, 이창신 역(2018), 《생각에 관한 생각》, 김영사.

8. 다니엘 핑크 저, 김명철 역(2006), 《새로운 미래가 온다》, 한국경제신문사, p.193.

9. 라프 코스터 저, 안소현 역(2005), 《재미이론》, 디지털미디어리서치, p.54.

10. Ben Finchan 저, 김기철, 심선향 역(2020), 《재미란 무엇인가》, 팬덤북스, p.80.

11. Anders Hansen 저, 김아영 역(2019), 《인스타브레인》, 동양북스, p.81, 110, 223.

12. 예스퍼 율 저, 이정엽 역(2012), 《캐주얼 게임》, 커뮤니케이션북스.

13. 스튜어드 브라운, 크리스토퍼 본 저, 윤미나 역(2009), 《즐거움의 발견, 플레이》, 흐름출판, p.258.

14. Jane McGonigal 저, 김고명 역(2012), 《누구나 게임을 한다(Reality is broken)》, 알에이치코리아, pp.182-302.

15. John Couch & Jason Towne 저, 김영선 역(2020), 《교실이 없는 시대가 온다(Rewiring Education)》, 어크로스, p.208.

16. Csikszentmihalyi,M 저, 최인수 역(2009), 《FLOW》, 한울림.

17. 황상민, 허미연, 김지연(2005), 〈온라인게임에서의 재미경험의 심리적 분석-리니지2를 중심으로〉, 《정보와사회》 8호, 한국정보사회학회.

18. Ermi,Laura & Mäyrä,Frans(2005), "Fundamental component of the Gameplay Experience : Analysing Immersion", 2005 DIAGRA(Digital Games Research Association's Second International conference, pp.15-27.

19. Brian D.NG, M.S. and PETER WIEMERHASTINGS,Ph.D.(2005), Addiction to the Internet and Online Gaming, CyberPsychology & Behavior, Volume8, Number 2.

20. 심리과학회, 2015.7.10. 전자신문 보도.

21. 《인터넷 및 게임메가트렌드 조사보고서》, 2009, 전자신문사.

22. 《문학비평용어사전》, 2006, 한국문학평론가협회.

23. https://www.gamemeca.com(게임메카)

24. https://www.khgames.com(경향게임즈)

25. https://www.etnews.com(전자신문)

26. https://www.bosa.co.kr(의학신문)

3장. 게임도 스포츠다

1. 로제 카이와 저, 이상률 역(1994),《놀이와 인간》, 문예출판사, pp.39-47.

2. 《2019년 국내 이스포츠 실태조사》, 2019, 한국콘텐츠진흥원.

3. 《2019년 이스포츠정책연구》, 2019, 한국콘텐츠진흥원.

4. 이태신 저(2000),《체육학대사전》, 민중서관.

5. https://www.e-sports.or.kr

6. https://newzoo.com

7. https://sports.khan.co.kr/bizlife/sk_index.html?art_id=202104060700043&sec_id=560201&pt=nv#csidx82da997fc457119bc945a0366cf1c62

8. https://ko.wikipedia.org

4장. 게임중독

1. Daniel Z. Lieberman,Md, & Michael E. Long 저, 최가영 역(2019),《도파민형 인간(The Molecule of More)》, 쌤엔파커스, p.24.

2. 데이브 컬런 저, 장호연 역(2017),《콜럼바인》, 문학동네.

3. ManfredSpitzer 저, 김세나 역(2013),《디지털 치매》, 북로드.

4. ManfredSpitzer 저, 박종대 역(2018),《노모포비아(DieSmartphone Epidemic)》, THENAN, p.25.

5. 박종현, 김문구, 이지형 저(2012),《훤히 보이는 스마트IT》, 전자신문사.

6. 셰리터클 저, 이은주 역(2012),《외로워지는 사람들》, 청림출판.

7. 셰리터클 저, 황소연 역(2016),《대화를 잃어버린 사람들》, 민음사.

8. JeromeKagan 저, 김성훈 역(2020),《무엇이 인간을 만드는가(On Being Human)》, 책세상, pp.115-116.

9. 사친 판다 저, 김수진 역(2020),《생체리듬의 과학》, 세종서적, p.125.

10. Adam alter,홍지수 역(2019),《IRRESISTIBLE, 멈추지 못하는 사람들》, 부·키, pp.93-170.

11. Palfrey, John & Born digital 저, 송연석, 최완규 역(2010),《그들이 위험하다》, 갤리온.

12. 히로나카 나오유키 저, 황세정 역(2016),《중독의 모든 것》, 글벗.

13. 김석환, 한상훈, 김보라, 강형구 (2020),〈게임이용장애 질병분류가 게임이용자의 태도와 게임의향에 미치는 효과〉,《벤처창업연구》15(4), 한국벤처창업학회, pp.277-301.

14. 김양중(2019),〈질병으로 규정된 게임 중독〉,《KISO 저널》No.36, 한국인터넷자율규제정책기구.

15. 박경계(2020),〈게임이용자의 헌법적 권리 정립과 게임이용장애 질병코드지정의 관계〉,《서울법학》27(4), 서울시립대학교 서울시립대학교 법학연구소, pp.1-38.

16. 손형섭, 김정규(2020),〈WHO의 게임이용 장애 질병코드 부여 관련 법정책의 방향〉,《언론과 법》19(1), 한국언론법학회, pp.233-274.

17. 심경옥, 전우영(2015),〈테스토스테론과 중독〉,《한국심리학회지 인지 및 생물》, 27(3), 한국심리학회, pp.385-417.

18. 이강진(2020), 〈청소년 게임이용자에 대한 학술연구동향〉, 《사회복지정책》 47(2), 한국사회복지정책학회, pp.175-201.

19. 이연정, 문새다슬, 박일, 이덕주(2019), 〈게임과몰입 질병코드화로 발생하는 게임산업의 경제적 효과 추정〉, 《대한산업공학회 춘계공동학술대회논문집》 2019(4), 대한산업공학회, pp.532-545.

20. 정겨운, 정호진, 이인혜(2018), 〈MMORPG 이용자들의 게임 이용 동기와 인터넷 게임 중독의 사이에서 게임 내 행동의 매개 효과〉, 《한국 심리학회지 건강》 23(2), 한국건강심리학회, pp.547-570.

21. 한덕현(2020), 《게임이용자 임상의학 코호트연구》, 중앙대학교 산학협력단 정신건강기술개발사업 최종보고서.

22. 《인터넷. 게임, 스마트폰 중독 발생기전 및 위험요인 규명을 위한 전향적 코호트 연구》, 2019, 가톨릭대학교 산학협력단 정신건강기술개발사업 최종보고서.

23. 《인터넷, 게임과 스마트폰 등 매체별 중독 위험요인, 공존질환 및 임상특성 비교 연구》, 2018, 연세대학교 산학협력단 정신건강기술개발사업 최종보고서.

24. 켈리 맥고니걸(McGonigal, Kelly) 저, 신예경 역(2012), 《왜 나는 항상 결심만 할까?》, 일키, pp.188-190.

25. 박종현, 김문구, 이지형(2012), 〈스마트폰 이용 현황 및 동기(훤히 보이는 스마트 IT)〉

26. 《스마트폰과의존실태조사》, 2019, 한국정보화진흥원.

27. 2009.8.21. 전자신문 인터뷰 내용.

28. https://www.iapc.or.kr.

5장. 게임중독 진단척도의 현주소

1. 디지털중독연구회(2015),《인터넷중독의 특성과 쟁점》, 스그마프레스, 제7장 '인터넷중독과 심리'.

2. Brian D.NG, M.S. and PETER WIEMER-HASTINGS,Ph.D.(2005), "Addiction to the Internet and Online Gaming", CyberPsychology & Behavior Volume8, Number 2.

3. Internet gaming disorder and the DSM-5.EDITORIAL, 2013, Society for the Study of Addiction.

4. King,D., Delfabbro,P., Griffiths, M.(2009), The Psychological Study of Video Game Players, Methodological Challenges and Practical Advice Springer Science+Business Media, LLC2009.

5. Young, K. S., Internet addiction: The emergence of a new clinical disorder. 104th annual meeting of the American Psychological Association, 1996.

6. Young, K. S., What makes on-line usage stimulating? Potential explanations for pathological Internet use. 105th annual meeting of the American Psychological Association, 1997.

7. Wood,R., The problem with the concept of video game addiction:Some case examples, International Journal of Mental Health & addiction, 2007.

8. 김상은, 이원우 외(2009),《의사결정구조의 뇌신경망 구축과 이에 기초한 게임중독의 치료방법 개발》, 서울대학교 산학협력단 교육과학기술부 용역과제.

9. 구훈정, 조성훈, 권정혜(2015), 〈한국형 인터넷 중독 자가진단 척도 (K-척도)의

진단적 유용성에 대한 연구-DSM-5 인터넷 게임 장애의 진단을 중심으로〉,《한국심리학회지 : 임상》 34(2), 한국심리학회, pp.335-352.

10. 송두헌(2019), 〈게임 장애/중독 연구에 대한 비판적 분석〉,《한국게임학회 논문지》 19(1), 한국게임학회, pp.135-145.

11. 유병준, 전성민,강형구(2020), 〈(ICD-11)게임이용 장애 질병 분류의 경제효과 분석연구〉,《게임이용장애질병분류의 경제적 효과분석 연구결과발표 및 토론회자료》.

12. 이형초(2019), 〈게임중독 질병화의 필요성 및 심리학적 접근방안〉,《2019 한국심리학회 학술대회 자료집》, 한국심리학회, p.80.

13. 유홍식, 황재(2016), 〈미국정신의학회 Internet Gaming Disorder 진단기준에 따른 청소년의 인터넷게임중독률과 주요 증상에 관한 연구〉,《언론과학연구》 16(1), 한국지역언론학회, pp.153-182.

14. 조현섭, 조성민, 신성만, 이장주(2020), 〈전문가들의 판단에 미치는 요인 연구-게임이용장애 질병코드화를 중심으로〉,《한국심리학회지 : 건강》 25(6), 한국심리학회, pp.1163-1180.

15. 조성훈, 권정혜(2016), 〈인터넷 게임장애 구조적 면담검사(Structured Clinical Interview for Internet Gaming Disorder, SCIIGD) 타당화 및 DSM-5 진단준거의 진단적 유용성 검증〉,《Korean Journal of Clinical Psychology》 35(4), 한국심리학회, pp.831-842.

16. 조성훈, 권정혜(2017), 〈한국판 인터넷 게임장애 척도의 타당화-성인을 대상으로〉,《Korean Journal of Clinical Psychology》 36(1), 한국심리학회, pp.104-117.

17. 장성호, 전대일, 이민주, 신성만(2020), 〈한국판 게임 중독 임상 척도 타당화〉, 《재활심리연구》 27(4), 한국재활심리학회, pp.67-82.

18. 최동진(2017), 〈게임중독 증상 및 해결 방안에 관한 연구〉, 《한국정보과학회 2017 한국소프트웨어종합학술대회 논문집》, 한국정보과학회, p.1681.

19. 대한소아청소년정신의학회(2012), 《청소년 정신의학》, 시그마프레스.

20. 《청소년 인터넷게임 건전이용제도관련 평가척도개발 연구》, 2012, 여성가족부.

21. 《2014 게임과몰입 종합실태조사》. 2014, 한국콘텐츠진흥원.

22. 《인터넷·게임·스마트폰 중독의 포괄적 진단평가 도구》, 2018, 삼성서울병원 정신건강기술개발사업.

23. 《게임이용 장애 질병코드화에 대한 인식조사》, 2018, 한국콘텐츠진흥원&한국인터넷기업협회.

6장. 게임중독 예방과 치유

1. 대니얼 시버그 저, 고영삼, 우진화 역(2013), 《디지털 다이어트》, 교보문고.

2. 마이크 아길레라 저, 안진환 역(2017), 《라포(RAPPORT)》, 스노우폭스북스.

3. 아서 P. 시아라미콜리, 케시린 케첨 저, 박단비 역(2020), 《당신은 너무 늦게 깨닫지 않기를》, 위즈덤하우스.

4. 김상은, 이원우 외(2009), 《의사결정구조의 뇌신경망 구축과 이에 기초한 게임중독의 치료방법 개발》, 서울대학교 산학협력단 교육과학기술부 용역과제.

5. 강소형(2017), 〈유산소 운동이 인터넷 게임중독 청소년의 건강관련 삶의 질

(Peds QL 4.0)과 도파민에 미치는 영향과 상관관계 분석〉, 《한국체육과학회지》 26(4), 한국체육과학회, pp.985-994.

6. kimberly S. Young, Cristiano Nabuco de Abreu 저, 신성만, 고윤순, 송원영, 이수진, 이형초, 전영민, 정여주 역(2011), 《인터넷 중독》, 시그마프레스.

7. 윤정숙(2017), 〈인터넷 게임중독 청소년의 이야기 치료적 접근〉, 《연세상담코칭연구》 8, 연세대학교 상담코칭지원센터, pp.51-70.

8. 조현섭(2020), 《게임 과몰입 해소를 위한 심리사회적 모델링 연구》, 한국심리학회. 한국콘텐츠진흥원.

9. 장병희(2020), 《게임의 치료적 활용방안 모색연구》, 성균관대학교 산학협력단, 한국콘텐츠진흥원.

10. 《인터넷 게임 중독의 공중보건학적 모델개발 및 폐해실태조사 최종보고서》, 2016, 중앙대학교 산학협력단 정신건강기술개발사업 최종보고서.

11. 《인터넷 게임 중독 단계별 맞춤형 예방 및 치료방법 개발 예비연구》, 2019, 중앙대학교 산학협력단 정신건강기술개발사업 최종보고서.

12. 《인터넷·게임중독예방, 치료 및 사후관리체계관련 인력양성과 기술지원 방안 개발 및 구축 최종보고서》, 2019, 전북대학교 정신건강기술개발사업 최종보고서.

7장. 게임의 미래

1. 곤살로 프라스카 저, 김겸섭 역(2008), 《비디오 게임》, 커뮤니케이션북스.
2. 로렌스 레식 저, 김정오 역(2000), 《코드 사이버공간의 법이론》, 나남출판.
3. John Sharp(2015), 《Works of Game》, The MIT Press.

4. 이동연(2010), 《게임의 문화코드》, 이매진.

5. 이장원, 윤준성(2016), 〈게임의 미학적 잠재성과 가치 특성〉, 《한국게임학회 논문지》 16(5), 한국게임학회, pp.131-148.

6. 애런 디그넌 저, 고빛샘 역(2013), 《게임 프레임》, 돋을새김.

7. https://ko.wikipedia.org/wiki/메타버스

8. https://www.gamasutra.com/view/news/27133/The_Art_History_Of_Games_Games_As_Art_May_Be_A_Lost_Cause.php.

8장. 에필로그

1. 《2020년 대한민국 게임백서》, 2020, 한국콘텐츠진흥원.

2. 마이클 화이트, 젠트리 리 저, 이순호 역(2005), 《가상역사 21세기》, 책과함께.

게임 편견을 넘다

1판 1쇄 발행 2021년 8월 25일

지은이 전종수

펴낸이 정영찬
마케팅 이원석
디자인 TIM

펴낸곳 주식회사 포토파트너스 / 꿈그림
출판신고 2021년 4월 21일 제2021-000082호

꿈그림은 주식회사 포토파트너스의 출판산업 브랜드입니다.

주소 경기도 고양시 일산동구 정발산로 15, 4층 412호(드림월드빌딩)
전화 031-903-5936
이메일 dreamsketchbooks@gmail.com

ISBN 979-11-975060-1-7 03320